인생을
명쾌하게
바꾸는
철학자의
말

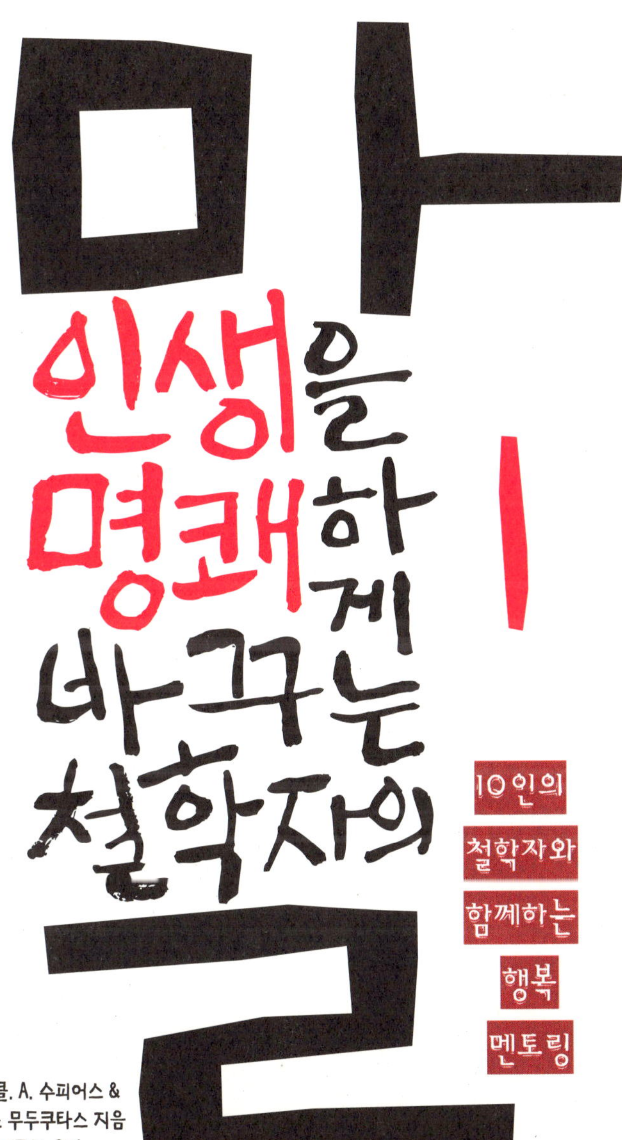

인생을 명쾌하게 바꾸는 철학자의 말
10인의 철학자와 함께하는 행복 멘토링
마이클. A. 수피어스 &
파노스 무두쿠타스 지음
이주혜 옮김
예문

 현대인들에게 '잘 산다는 것'은 곧 인간이 이룩한 발달의 기회를 풍부하게 누리며 산다는 뜻이다. 즉 물질적 번영, 경제적 안정이 곧 잘산다는 의미가 된 것인데 사실 이러한 신조의 출현은 최근의 일이 아니다. 역사시대 대부분 인간의 열망은 의식주에 관한 요구에서 크게 벗어나지 못했다. '한 차원 고결한 요구'라는 개념 자체를 생각할 수 없는 상황이었던 것이다. 오늘날에 이르러 과학과 산업, 기술의 발달이라는 축복을 받고서야 인간은 과거에 욕구충족을 불가능하게 막아섰던 물질적 장애를 해결했고 또 그것을 인간의 삶에 있어서 최대 가치이자 목적이라고 믿게 되었다. 그러나 곧 현대인들은 물질적 번영과 경제적 안정이 내면의 안정까지 만들어 주지 못한다는 것을 깨달았다. 외적 만족이 커질수록 내적 충만감이 작아지는 모순을 자각하는 이들이 늘어난 것이다.

　최고급 명품, 커다란 집, 높은 연봉, 명예로운 사회적 지위가 영원하지 않음을 알게 된 사람들은 그것이 단기적으로는 유쾌하고 즐거울지 몰라도 종국에는 고도의 불만족과 함께 뚜렷한 내적 갈망을 불러일으킨다는 것 또한 깨달았다. 불안해진 현대인들은 시선을 자기계발에 돌렸다. 결혼과 직장, 재력과 권력이 영원하지 않다면 그것을 잃지 않기 위해서 자신에게 투자하고 자신을 관리하며 자기계발에 노력을 쏟아부어야 한다는 거의 강박에 가까운 신념을 갖게 된 것이다.

　문제는 여기에서 발견된다. 현대인들은 물질적·사회적·개인적 성공을 거머쥔 역할 모델들을 그대로 답습하며 자기계발·자아 실현을 통해 더 나은 미래의 자신을 꿈꾼다. 정작 자신이 누구인지도 모르는 채 말이다. 역할 모델의 외형을 따라 하며 겉으로 보기에 다른 사람들이 '성공'이라고 말하는 목표를 향해 다가가려 노력하지만 자신과의 괴리는 더 커질 뿐이다.

　과거에는 유대교와 기독교와 같은 종교적 전통에서 행해진 가르침과 실천으로 이런 자기 성찰, 영성의 계발이 가능했다. 물론 이 때문에 2천 년도 넘게 영적 생활에 관한 것은 뭐든 종교조직이 가진 특권적 영역 안에서 이루어진 것이 사실이다. 그러나 18세기와 19세기에 이르러 세속주의(19세기 중엽 유럽에서 유행한 하나의 인생철학적 사상으로 초자연이나 신, 사후 세계를 부정하고 인간 활동이나 정치적인 의사결정이 객관적인 증거와 사실에 기반하여야 한다는 주장)가 태동하면서 종교라는 통로는 신뢰성을 잃었고 이로 인해 현대사회는 심각한 딜레마에 빠져들었다. 물론 수많은 종교의 성직자들은 마음의 평화와 구원을 얻기 위한 자신만의 규칙과 절차를 마련해왔으며, 종교제도가 인간의 영적 지평을 넓히고 내면의 성찰을 통해 자신이 어떤 사람인지 알아보는 데에 압도적인 역할을 했음은 의문의 여지가 없다. 그러나 과거 자기 성찰을 통해 삶의 나침반 역할을 했던 종교는 오늘날 그 역할이 축소됐다. 세계화로 인한 다양한 종교의 등장은 충돌을 야기했고, 종교적 진리와 규범은 현대의 문화·질서·과학 등과 상충하면서 삶의 영적인 요구를 수용해왔던 전통적 방식은 제 기능을 하지 못하게 됐다. 이처럼 우리의 영적 생활을 지탱해주던 종교적 전통이 힘을 잃은 지금 과연 어디에서 자기 성찰의 가르침을 얻을 수 있을 것인가.

 물질적 번영과 풍요, 그것을 지키려는 자기계발, 하지만 영적 생활의 부재로 정작 자신은 누구인지 모르는 사람들. 이러한 상황의 해결을 돕기 위해 필자는 다른 전통에 주목했다. 종교적 신앙이 아닌 이성적 탐구를 통해 내면을 성찰하여 삶을 살아가는 데 필요한 영적 통찰력을 획득하고 자 하는 시도는 분명 과거에도 있지 않은가. 소크라테스ㆍ 플라톤ㆍ아리스토텔레스ㆍ에픽테토스ㆍ에피쿠로스 등이 서구문명에 전해준 고귀한 선물이자 고대 헬레니즘의 핵 심 유산인 '철학'이 바로 그것이었다. 헤브라이인들이 신 (神) 중심의 가치관을 지닌 것과 달리 고대 그리스인들은 인간을 문화적 전망의 핵심으로 삼았다. 인간에 대한 고대 그리스인들의 태도는 인간을 가장 '경이로운' 피조물로 설 명한 소포클레스의《안티고네》에 압축되어 있다. 그리스 인들에 따르면 무엇보다 인간을 놀라운 잠재력을 지닌 존 재로 두드러지게 하는 특징은 바로 이성, 즉 존재의 질서 에 맞게 조화를 이루며 살아가고 신성의 명령과 독립된 삶 의 규약을 세울 수 있는 합리적인 능력이다. 출생이 가져 다주는 수많은 우연적 요소, 즉 인종ㆍ민족ㆍ문화적 배경 등과 상관없이 모든 인간은 궁극적으로 합리적인 능력의 형태를 띠는 보편적이고 통합적인 본질을 공유한다. 무엇보다 이성은 인간으로서 우리가 지닌 일반적인 본질을 구성하고 있으며 영적 통찰력을 얻을 기회를 부여하는 천부적 재능이다. 이러한 생각은 고대 그리스의 위대한 철학자들에게서 유래를 찾아볼 수 있다. 플라톤, 아리스토텔레스, 에피쿠로스, 에픽테토스와 같은 철학자들은 종교적 신앙심이 내포하는 불안정성이나 선동성 없이도 내적 성찰과 영성 계발에 대한 자신들만의 이해를 전파했다. 이들에게 '자기계발'은 '이성의 계발'이었고 바로 이것으로 그들은 인간의 궁극적인 목표인 행복에 닿으려고 했다.

그리스 철학은 어렵게 느껴질 수도 있다. 하지만 한 가지 명심할 것은 이들이 궁극적으로 말하려 했던 것이 인간의 행복이라는 것이다. 열 명의 철학자는 인류 최초로 인간의 행복한 삶에 대해 사유하고 연구하고 토론한 사람들이다. 시대와 공간, 문화와 제도를 초월한 인간 행복의 본질. 이 것이 열 명의 철학자가 통해 필자가 말하려는 것이다. 이들 철학자의 가르침을 따라 자신의 내면과 현재 자신이 맞이한 상황을 하나하나 점검하다 보면 한 발짝 물러서서 삶을 바라볼 수 있을 것이다. 앞으로 열 장에 걸쳐 만나게 될 열 명의 철학자는 다음과 같다.

첫 번째 철학자, 플라톤은 인간적 성취를 위해서는 반드시 삶에 대한 성찰이 필요하며 미덕은 언제나 어느 정도까지는 보답이 되어 돌아온다고 주장했다. 두 번째는 아리스토텔레스이다. 그는 신뢰와 우호가 깃든 관계를 통해 진정한 우정을 쌓으라고 충고한다. 세 번째는 에픽테토스로, 그를 위시한 스토아학파는 삶이 주는 수많은 고통을 체계적으로 감소시킬 줄 아는 이상적인 마음 자세로서 '아파테이아(초연)'과 '아디아포라(중립)'에 대해 말했다. 이러한 성채에 들어가려면 오직 긍정적인 경험만이 허락된다. 그렇지 못한 경험들은 가장 강력한 파수꾼인 이성에 의해 입장이 불허된다. 네 번째, 아이스킬로스(아이스킬로스 기원전 5세기경 인물로 그리스 3대 비극작가 중 한 사람이다.)는 부유한 바보가 되지 말라고 충고한다. 다섯 번째, 헤시오도스(헤시오도스 기원전 8세기 말경 인물로 호메로스와 어깨를 나란히 하는 그리스의 대표적 서사시인이다.)는 결국엔 자신에게 돌아올 것이므로 남에게 악행을 짓지 말라고 조언한다. 여섯 번째, 에피쿠로스는 경박하고 덧없는 쾌락을 삼가야 하며 소박한 삶을 영위하고 마음의 평화를 가져올 수 있는 차분한 기쁨을 추구하며 진정한 쾌락에는 규율과 제한이 필요하다고 말했다. 일곱 번째, 이솝은 다른 이들에게 베푼 친절은 결국 자신에게 보답으로 돌아오기 마련이라고 설파

한다. 여덟 번째, 아우렐리우스는 지배적 이성으로 하여금 자신을 지배하게 하라고 했다. 아홉 번째로 솔론은 치우침 없는 삶을 살라고 충고했다. 마지막으로 피타고라스는 잘 못에 대해 솔직하고 진중하게 스스로 꾸짖을 수 있어야 하고, 자신의 실수는 자신이 책임질 수 있어야 하며, 결과를 받아들일 준비를 한 책임감 있는 인간이 되라고 당부한다.

물론 오늘날의 세상은 고대 그리스와는 시대와 문화, 공간과 제도까지 상당 부분이 다르다. 하지만 인간은 2천 년 전이나 지금이나 같지 않은가. 2천여 년 전 고대 그리스 철학자들의 말 속에는 시대를 뛰어넘는 인생의 본질과 고대 그리스가 전해주는 불후의 지혜가 들어 있다. 매우 현실적인 면에서 이 지혜들은 시공을 초월해 오늘날 문화에도 심오하게 맞아떨어지는 통찰력을 보여준다. 이는 진실과 가치가 거짓과 오해로 혼탁해지고 있는 시대에 해독제가 될 수 있다.

　자신이 누구인지도 모른 채 남들이 만들어낸 역할 모델들을 답습하는 현대인들, 자신의 공허함이 어디에서 오는지 모르는 이들, 눈 속의 티끌을 씻어내고 싶은 이들은 이 고대의 금언, 그리스 철학자들이 들려주는 열 가지 지혜에 주목하길 바란다. 열 명의 철학자들의 단순하지만 많은 것을 함축하고 있는 한마디로 자신과 자신의 인생을 재점검하다 보면 명쾌한 해답을 얻을 수 있을 것이다.

차례

말

플라톤

"성찰하지
않는 삶은
가치가 없다."

죽기
직전까지
노인이 했던
것

메시니아(그리스 남부 펠로폰네소스 반도의 서쪽 끝에 있는 주)
의 산속에 사는 103세의 노인에게 장수의 비결을 물었다.
"늘 바쁘게 살려고 하지요. 줄곧 나 자신의 삶을 살아왔
어요. 머리는 하얗게 세었고 손발은 예전보다 힘이 없지만
여전히 이성으로 생각합니다. 이성을 쓰며 이성적으로 생
각할 수 있는 한 나의 영혼과 정신은 평화롭지요. 멍하니
앉아서 시간을 보내는 것이 아니라 주변 세상을 살펴볼 수
있고 경험할 수 있으며 참여할 수도 있어서 행복합니다.
매일 소나무 아래에 앉아서 더 좋은 바구니를 만들 방법을
생각하지요. 물론 지금은 예전보다 바구니 하나를 만드는
데 훨씬 더 오랜 시간이 걸립니다. 그래도 괜찮아요. 먹고

살려고 바구니를 만드는 게 아니니까요. 지금은 그냥 아름다운 바구니를 만들고 싶어서, 포도밭에서 포도를 나르는 젊은이들을 즐겁게 해주기 위해 바구니를 만들어요. 때로는 마을의 커피숍에 앉아서도 삶을 돌아보기도 하지요. 그곳에서는 마을 사람들과 함께 지역 문제, 국내 문제, 국제 문제를 토론할 수 있고 또 새로운 사람들과 어울려 친해질 수도 있어서 자주 갑니다. 농장에 올리브 나무를 심고 가꾸면서 후손들이 올리브를 수확하고 가지를 잘라 올림픽 우승자들을 위한 월계관을 만드는 모습을 상상하며 삶을 성찰하기도 해요. 일과가 다 끝나고 벽난로 앞에 앉아서도 마찬가지입니다.”

노인은 계속해서 말을 이었다.

“성찰을 그만두는 날이 곧 제가 죽는 날일 겁니다.”

2년 후 105번째 생일을 석 달 앞둔 어느 날, 바로 그가 말한 날이 찾아왔다.

삶에 대한 노인의 말은 고대 그리스 대표 철학자 플라톤이 말하는 인생 계명 “성찰하지 않는 삶은 가치가 없다.”를 분명하게 표현하고 있다.

삶을 성찰하라. 적극적으로
삶에 뛰어들어라. 언제나 자신의
마음으로 도달할 수 있는 새로운 즐거움과
새로운 운명을 찾아라.

플라톤,
그 철학의 시작

삶을 성찰하라는 것은 물론 새로운 신조는 아니다. 고대에서 지금까지, 모든 철학서와 자기계발서에 등장하는 첫 번째 계명이 바로 자기 성찰이 아니던가. 그러나 지금 여기에서 이야기하려는 것은 고대 그리스 철학자들, 특히 스승 소크라테스의 목소리를 통해 전달한 플라톤의 생각을 그대로 반영한 원칙이다.

스무 살 무렵 아테네 거리에서 사람들과 끊임없이 철학을 논하며 정의와 진리를 찾는 소크라테스에게 매료된 플라톤은 그의 제자로 들어가 가르침을 받았다. '일상사에 대한 성찰이 없는 삶이란 가치 없는 삶이다.'라는 소크라테스의 가르침은 플라톤에게 큰 감명을 주었고 플라톤과 소크라테스는 50살이 넘는 나이 차를 뛰어넘어 위대한 스승이자 절친한 친구로 8년을 함께했다. 플라톤이 스물여덟 살이 되었을 때, 소크라테스는 아니토스에 의해 불경죄와 젊은이들을 타락시켰다는 죄로 고발당한다. 소크라테스가 결국 독배를 마시고 세상을 떠나자 사법살인으로 자신의 스승이 죽는 것을 지켜봐야 했던 플라톤은 정치를 향한 꿈을 접고 세상을 주유한다. 그리고 아카데미아를 설립하여 죽을 때까지 자신의 스승이 그에게 남긴 철학과 인간의 삶에 대한 성찰로 평생을 보냈다. 소크라테스는 살아생전 아무런 저작을 남기지 않았지만 플라톤은 전 생애를 들여서 소크라테스의 철학을 글로 써냈다. 플라톤의 대표작인 《대화편》《소크라테스의 변론》은 모두 소크라테스가 죽기 직전까지 연구하고 행했던 철학의 진수였다.

삶은 나이와
상관없이 계속된다

삶이란 자연이 인간에게 부여한 가장 위대한 선물이다.

　'산다는 것' 은 단순히 시간의 흐름을 관조하는 것이 아니다. '일상사에 대한 성찰이 없는 삶이란 가치 없는 삶이다.'라는 소크라테스의 말처럼 이성을 통해 끊임없이 삶을 성찰하는 것, 그것이 바로 진정으로 삶을 사는 것이다.

　삶을 자각하고 검토하는 일에 있어서 이성이 지닌 중요

성은 인생의 모든 단계에서 분명하게 드러난다. 이제 갓 태어나 낯선 환경을 탐색하고자 분투하는 어린 아기에서 부터 일간지의 헤드라인을 열심히 탐독하고 고찰하는 노 인에 이르기까지 인간은 이성을 통해 삶에 뛰어든다. 인간 이 된다는 것은 물질적이고 영적인 즐거움을 안겨주는 새 로운 원천을 발견하며 세계를 사고하고 인식하고 탐험하 는 것이다.

어떤 이들은 삶을 성찰하고 삶에 참여하는 과정에서 이 성이 지닌 중요성을 온전히 이해한다. 이들은 새로운 생 각을 받아들이는 것을 어려워하지 않는다. 오히려 지지하 며 새 것, 새 관계를 갈망한다. 지속적으로 새로운 관심사 를 발굴해내고 따분하고 지루한 일상에서 벗어난다. 열정 을 안고 삶에 뛰어들며 적극적으로 삶을 파악하려고 애쓰 고 삶 속에서 활력과 만족, 기쁨을 한 방울도 허투루 버리 지 않고 흡수한다. 개중에는 전문영역 안에서 새로운 도전 과제를 발견하는 사람도 있다. 이를테면 교각을 건설하는 신기술을 발명하거나 초고층 건물을 건설하는 사람들, 또 는 신약과 최신 컴퓨터 장비를 개발하는 사람들처럼 말이다. 그뿐만 아니다. 산 정상에 오르거나 심해나 정글 깊은 곳을 탐험하는 일과 같이 새로운 취미활동을 뛰어넘어 인간의 한계에 도전하는 사람들도 있다. 인류를 괴롭히는 질병과 빈곤, 소외 계층에 눈을 돌려 식량과 약을 모으고 기금을 모집하는 사람들도 마찬가지이다.

삶을 제대로 성찰하는 사람은 방관자로서 살지 않는다. 성찰하는 삶은 나이와 상관없이 똑같은 기회를 부여한다. 지속적으로 삶을 탐험하는 사람들은 오랜 시간 눈부신 발전을 기록했음에도 나이에 상관없이 매일 자신을 기다리는 새로운 도전을 찾아낸다. 이들에게는 늘 새로운 여행지나 새로 읽을 책, 새롭게 만날 사람들이 기다린다. 이처럼 삶을 성찰하며 방관자로서 살지 않는 방법, 이성의 잠재력을 풀어내는 비결은 바로 삶을 대하는 자세에 있다. 어린 아이와 같은 경외심과 호기심으로 삶에 접근하는 사람은 시간의 한계를 문제 삼지 않는다. 그들은 언제나 활기차게 살아갈 준비가 되어 있다. 이런 사람들은 예순의 나이에도, 심지어 칠순의 나이에도 십 대보다 더 적극적으로 삶에 뛰어든다. 삶은 나이와 상관없이 계속되지 않는가.

인생의 끝에서
의미를 발견한 사람들

펀드매니저로 일하다 60대가 되어 은퇴한 닉은 여생을 평온하게 보내기 위해 실버타운에 입주했다. 대학을 졸업하고 재무계획 관련 일을 곧바로 시작했기 때문에 그는 매해, 매달, 매시간 바뀌는 국내외 경제적 상황과 사회 정세, 그에 따른 자본시장의 변동, 그리고 고객관리에 거의 평생을 보냈다. 일에서 물러날 나이가 되자 그는 복잡한 일과 사람을 떠나 인생을 관조하며 살아가고 싶었다. 하지만 그럴 목적으로 입주한 실버타운에서 닉은 인생의 새로운 목적과 의미를 발견했다.

　수십 년을 펀드매니저로 일하면서 그가 가장 흥미로워했던 것은 그에게 재무계획과 자산운용을 의뢰하는 고객들의 이야기였다. 고객들의 현재 삶과 자금 상황, 앞으로 하고 싶은 일에 관한 이야기를 듣는 것은 그가 일하는 원동력이자 보람이었다. 그런데 실버타운에는 각기 다른 생각과 다른 형태로 삶을 살아온 사람이 가득하지 않은가. 닉은 그들의 이야기가 궁금했다. 그리고 '월드 티 하우스'라는 찻집을 열었다.

"일에서 은퇴했다고 소파나 침대에 누워 쉬라는 뜻은 아닙니다. 진심으로 하고 싶은 일을 할 기회입니다. 돈을 벌기 위해서가 아니라 진정 성취의 기쁨을 누리기 위해서 말이지요."

닉은 매일 찻집에 서서 손님들을 만나고 함께 차를 마시면서 그들의 인생 이야기에 귀를 기울인다. 덕분에 닉과 그의 손님들은 서로 용기와 위로를 주고받으며 삶에 뛰어들고 있다.

한편, 제임스는 50대 중반에 은행업에서 은퇴한 뒤 캘리포니아 남부로 이주한 그는 취미로 해왔던 주식거래와 금융시장에 관한 지식을 토대로 새로운 직업을 창출했다. 공인 재무설계사가 되어 그동안의 지식과 경험을 바탕으로 대규모의 고객을 그러모았다. 때로는 무상으로 고객들을 도와주기도 했고 소소한 정도의 수수료만 받기도 했다. 새로 생긴 직업은 과거의 직업과 상당히 달랐다. 정해놓은 것은 아무것도 없었다. 그는 자신이 원하는 자리에서 원하는 모양새로 고객들을 만날 수 있었고 업무를 감독하고 감시하는 상사도, 달성해야 할 목표금액도 없었다.

안정을 강요하는
사회

안타깝게도 모든 사람이 이성의 중요성과 잠재적 능력을 온전하게 이해하는 것은 아니다. 이성을 완전하게 계발하거나 사용하지 않으므로 완전하게 인간적인 본질에 접근하지도 못한다.

삶은 잠재력으로 가득 차 있지만 오래도록 지루하고 평범한 활동에 만족하며 김빠진 일상에 안주하는 사람들이 많다. 이들은 한때 삶을 화려하게 물들였던 모험심을 포기하고 차례차례 타협해나간다. 그리고 그것이 당연한 삶의 순서라고 생각한다. 삶의 갓길에 머물며 친구들과 친척들과의 사이에서도 자신을 고립시키는 것이다. 테드 역시 그랬다. 그는 30년간 몸담았던 컴퓨터 엔지니어 일을 마감하고 조기퇴직으로 퇴직금을 받았다. 그리고 뉴욕의 집을 판 뒤 양로원에 들어갔다. 그곳에서 늘 같은 사람들과 같은 장소에서 골프를 치고 식사를 하고 텔레비전을 보는 일상에 안주했다. 양로원은 하루하루가 비슷했다. 테드는 서서히 일상 밖으로 걸어나갈 그 어떤 일에도 관심을 잃어갔다. 점점 어떤 일을 시도하는 데에 큰 용기가 필요해졌고 여행이나 정치와 같은 모험적인 일에는 전혀 마음을 주지 않게 되었다.

이렇게 무미건조한 생활방식에 젖어드는 것은 우리 사회의 전통적인 지혜에서 그 원인을 찾을 수 있다. 문화란 우리의 가치관과 믿음, 견해를 형성하는 강력한 능력을 갖추고 있는데 이따금 현상에 관한 편견을 반영한다. 전통적인 양식과 질서에 순응하는 하는 것은 당연하고, 평범한 일이나 변화나 혁신은 남들과 다른 모습을 하는 독특한 일이므로 독려하지 않는다. 그러면서 우리가 살아가고 있는 사회는 주어진 견해를 그냥 받아들이라고, 유서 깊은 관습을 인정하라고 끊임없이 속삭인다.

남이 가지 않은
길이 주는 보상

물론 규범을 거부한 대가는 몹시 클 수 있다. 용기를 안고 관습에 도전한 사람은 불충했다는 죄책감을 느낄 수 있으며 무엇보다도 고립감과 소외감을 경험할 수 있다. 사람들의 눈초리를 온몸으로 받아야 할 때도 있다.

기원전 399년, 소크라테스는 아테네 시의 괴짜 중 괴짜였다. 그는 거리에서 어렵고 짜증스러운 질문을 던지길 좋아했고, 권력 있는 자들을 조롱했으며, 평판이 나쁜 아테네 지도자들과 친목을 도모한다고 알려졌었다. 실제로 소크라테스는 자신을 소가 잠들지 못하도록 쇠등에 침을 쏘는 성가신 '등에'에 비유하기도 했다. 당시 아테네는 5년 전 스파르타에 겪은 굴욕적인 패배의 수렁에서 빠져나오지 못했기에 분위기를 쇄신하고 아테네인들을 결집할 만한 정치적인 희생양이 필요했다. 매 순간을 과학적으로 탐구하는 사람, 모든 것을 이성으로 성찰하는 사람인 소크라테스는 어쩌면 딱 좋은 제물이었을 것이다. 그는 곧 신을 믿지 않고 청년들을 타락시켰다는 죄목으로 재판에 처

했다. 제자 플라톤은 소크라테스의 재판과 그가 한 변론을
《소크라테스의 변론》이란 책으로 남겼는데, 책에 따르면
소크라테스는 그의 철학을 포기하고 진리에 대한 탐구를
그만둔다면 목숨을 구할 수 있었다고 한다. 그러나 소크라
테스는 철학적 신념을 지키기 위해 독배를 선택했다. 그리
고 독배를 마시는 순간까지 죽음이란 '현상'을 탐구했다.
소크라테스는 죽었지만 플라톤에 의해서 오늘날까지 그의
신념은 살아남았다.

소크라테스가 주창한 것은 삶에 대한 비판적인 반대신
문을 용기 있는 행동으로 바라보아야 한다는 것이다. 남이
가지 않은 길은 불확실과 위험으로 가득한 길일 수 있다.
그러나 용기를 안고 진심으로 삶을 성찰한 사람들에게는
대단한 보상이 기다리고 있다. 대단한 보상이란 금전적이
거나 사회적인 명예가 아니다. 매일의 삶을 기대와 가능성
을 품고 참신하게 시작할 수 있는 것, 바로 이것이 성찰이
주는 눈부신 보상이다.

플라톤

기원전

427년

~

기원전

347년

플라톤의 철학은
소크라테스의 죽음에서 시작되었다

플라톤은 아테네의 명문가에서 태어나 노예로 전락했다가 아카데미아라는 학교를 세우기까지 매우 다채로운 삶을 살았다. 그 다채로운 삶의 중심에는 소크라테스가 있었다. 플라톤은 스무 살 무렵 소크라테스에게서 사사하였는데, 소크라테스가 불경죄로 기소당하여 독배를 마신 이후 그의 인생은 엄청난 변화를 겪는다. 정치가를 꿈꾸던 스물여덟 살의 청년은 아테네를 떠나 이탈리아 등지를 유랑하다 돌아와 스승 소크라테스의 철학을 전파시키기 위해 저술가로, 또 아카데미아라는 학교를 만든 교육자로 변모한다.

소크라테스는 단 한 권의 저서도 남기지 않았지만 플라톤은 소크라테스가 아테네 시민과 아고라나 거리에서 나눈 대화들을 《플라톤의 대화편》이라는 책으로, 또한 소크라테스가 젊은이를 타락시키고 새로운 종교를 끌어들였다는 죄목으로 법정에 섰을 때 그가 했던 변론을 《소크라테스의 변론》이란 책으로 남겼다.

플라톤은 아카데메이아에서 폭넓은 주제로 강의하였고

정치학, 윤리학, 형이상학, 인식론 등 많은 철학적 논점들에 대한 많은 저작을 남겼다. 특히 그는 오늘날까지 유명한 이데아 설을 제창하였는데 이데아는 비물질적·영원·초세계적인 절대적 참실재이며, 이에 대하여 물질적·감각적인 존재는 잠정적·상대적이고, 이 감각에 호소하는 경험적인 사물의 세계는 이데아의 그림자이며 모상이라는 이원론적 세계관을 내세웠다.

서양의 2천 년 철학은 모두 플라톤의 각주

플라톤이 남긴 저작들과 그의 사상은 고대 서양철학의 정점이라 평가받는다. 플라톤 사상에는 스승 소크라테스의 사상뿐만 아니라 고대 자연철학을 비롯한 엘레아학파, 피타고라스학파, 소피스트에 이르기까지 다채로운 철학적 요소들이 조화를 이루고 있기 때문이다. 고정된 존재, 생성(生成)과 다원성, 윤회와 정화, 구원, 영원성, 영혼 등 모든 것들을 진지하게 논의한 것은 플라톤이 처음이었다. 스승 소크라테스의 죽음으로 아테네 민주주의 정치에 환멸을 느낀 플라톤은 자신의 저서 《국가》에서 올바른 국가의 기준을 제시했다. 마지막으로 이데아론을 비롯한 플라톤의 철학은 고대 이후의 철학, 즉 중세 기독교 철학 및 근현대 사상체계 형성에 중요한 역할을 했다. 중세시대 지배 논리인 세 위계 이론, 신국론(神國論), 신플라톤주의가 바로 그것이다.

그가 이성 우위의 전통을 가진 서양 철학에 미친 영향은 더할 수 없이 크다. 영국의 철학자인 화이트헤드는 '서양의 2천 년 철학은 모두 플라톤의 각주에 불과하다.'라고 말했으며, 시인 에머슨은 '철학은 플라톤이고, 플라톤은 철학'이라 평하였다.

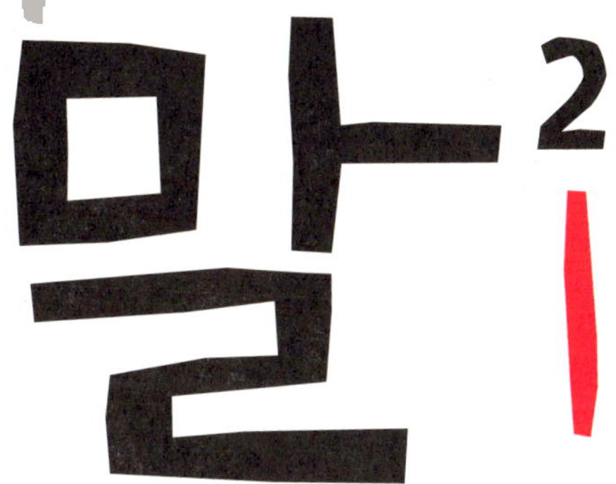

말²

"우정은 두 사람이
같은 영혼을 나누는
관계다."

버지니아주에 사는 글로리아는 그 지역에서 성공한 여성 사업가로 꽤 큰 규모의 가구 업체를 경영하고 있다. 남들보다 빨리 유행을 파악하고 온라인 시장에 뛰어드는 등 각고의 노력 끝에 그녀는 지금 널찍한 저택을 짓고 예술 작품을 사 모으고 최고급 자동차를 모는 호화로운 생활을 하고 있다.

"하지만 전 한순간도 만족을 느낀 적이 없어요. 돈은 죽을 때까지 쓸 만큼 갖고 있고 저녁마다 같이 식사를 하고 파티에 갈 사람들은 있지만 마음을 터놓고 제 이야기를 할 사람은 한 명도 없습니다. 물론 휴대전화 전화번호부에는 번호가 가득 차 있어요. 한때는 그들을 친구라고 생각한

적도 있었죠. 파티에서 만나거나 거래를 할 때는 둘도 없는 친구처럼 굴고 필요한 게 있으면 주저 없이 저에게 연락하면서, 제가 힘들 때나 고민이 생겼을 때 연락을 하면 피하더군요. 문제는 어릴 때부터 지금까지 그래 왔다는 거죠. 전 한 번도 친구를 가져 본 적이 없어요."

그녀는 항상 외롭고 우울하다고 덧붙였다. 글로리아는 우정이란 양적 관계가 아니라 질적 관계이며 신뢰의 관계임을 너무 늦게 깨달았고, 거의 평생 우정을 그저 그런 친근한 관계 혹은 '실용적인 관계'와 혼동해왔다. 사실 글로리아가 안고 있는 문제는 오늘날 우리 사회에서 너무도 흔한 문제이다. 전화번호로 가득 찬 휴대전화, 로그인만 하면 수많은 사람들과 연결된 SNS를 갖고 있지만 정작 그곳에서 자신의 진솔한 이야기를 나눌 친구 하나 없는 사람들이 수두룩하지 않은가.

한편, 헬렌은 소규모 전자부품 회사의 비서다. 그녀는 소박하고 단순한 가구를 갖춘 아파트에 살며 낡은 차를 몰고 다닌다. 가끔 할인매장에서 작년엔 비싸서 사지 못했던 옷을 찾아 사는 게 그녀의 소소한 행복이다. 그러나 자신의 삶이 만족스럽다. 헬렌의 비결은 늘 곁에서 웃음과 눈물을 나누는 두 명의 친구 질과 알리샤가 있기 때문이다. 고민이나 문제가 생기면 제일 먼저 달려오는 그녀들이 있기에 헬렌은 외로움이나 우울을 느낀 적이 거의 없다. 그녀는 우정이 양보다 질이라는 것을 알고 있다. 그렇기에 진정한 우정과 그저 그런 친근한 관계, 혹은 '실용적인 관계'를 혼동해본 적도 없다. 그녀는 참된 관계를 가꾸어 나가기 위해 많은 시간과 에너지를 쏟아왔다.

글로리아와 헬렌의 이야기는 행복을 위해 갖춰야 할 덕 중에서 우정을 강조했던 그리스 철학자 아리스토텔레스가 말하는 인생 계명 "우정은 두 사람이 같은 영혼을 나누는 관계다."를 분명하게 보여주고 있다.

우정은 친선의 욕구를 충족시켜주는 상호호혜적인
애착이다. 우정은 시장에서 살 수 있는 것이 아니며
반드시 신뢰와 우호가 깃든 관계를 통해 가꾸고
지켜나가야 한다.

친구가 많다는 것은
당신의 착각

그리스 철학에 의하면 사회적인 본능, 즉 타인과 교류하고 친선하고자 하는 욕구, 우정을 향한 욕구는 인간을 다른 창조물과 구별시켜주는 뚜렷한 특징 중 하나라고 한다. 소크라테스와 플라톤, 아리스토텔레스는 사회가 단지 뿔뿔이 흩어져 있는 개인의 계약적 배열로만 형성되는 것이 아니라 친선과 우호를 향한 인간의 심오한 요구를 반영한다고 생각했다. 이와 같은 요구는 신과 동물에게서는 발견할 수 없지만, 인간에게는 가치 있는 삶을 위한 필수불가결한 요소다.

'우정'이라는 유대관계가 없이는 인간의 완전한 정체성에 대해서도 진정한 행복에 대해서도 말할 수가 없다. 아무리 막대한 부와 지위, 권력을 소유하고 있어도 진정한 우정이 없는 삶은 완전하다고 볼 수 없다.

'진정한' 우정은 엄격한 질적 논리의 지배를 받는다. 다시 말해 우정은 오직 소수의 사람 사이에서 공유할 수 있는 귀한 영적 친밀감이다. 그러므로 인간은 전 생애에 걸

처 오직 서너 명의 '진짜' 친구를 만날 수 있다.

친구라고 생각되는 이가 수십 명을 넘어서니 자신은 축복받은 사람이라고 생각하는 이들이 무척 많다. 그러나 이와 같은 수치는 상당한 행운이나 특별한 인기가 아닌 오히려 우정에 대한 완벽한 오해를 드러낼 뿐이다. 이런 사람은 친근한 관계와 진짜 우정을 혼동하고 있다.

한 개인이 군중과 친구가 되는 것은 불가능한 일이다. 우정은 상대방을 위해 자신의 행복도 기꺼이 희생할 수 있는 관계이기 때문이다. 이렇듯 심오하고 본질적인 헌신은 무척 좁은 범위 안에서만 이루어질 수 있다. 그러므로 진정한 우정은 양적인 게 아니라 소수의 고품질 관계를 필요로 한다.

아리스토텔레스는 사람이 갖는 궁극의 목적을 행복이라고 보았다. 그의 저서 《니코마코스 윤리학》에는 행복의 정의에 관한 내용이 들어 있다. 책에서 그는 행복이란 이성을 계발하여 탁월하게 발휘하는 삶이라 보았고, 이 이성을 잘 발휘하기 위해서는 덕(德)을 갖춰야 한다고 주장했다. 《니코마코스 윤리학》에는 이 외에도 용기, 자유, 정의 등 갖춰야 할 덕에 대한 설명이 담겨 있는데 우정도 그중 하나이다.

아리스토텔레스는 우정을 즐거움을 추구하는 우정, 유용성을 추구하는 우정, 마지막으로 좋음을 추구하는 우정으로 구분하였다. 그리고 세 번째 우정만이 참된 우정으로써 좋은 사람들과 동등한 사람들 사이에서만 존재할 수 있는 상호호혜적인 관계라 주장했다. 아리스토텔레스는 이 세 번째 우정을 자기애와 연관 지어 설명했다. 인간은 자기 인식은 할 수 없지만 자기애는 있다. 그런데 자신을 사랑하려면 자신이 누구인지 인식해야 한다. 이때 나와 가장 비슷한 사람, 친구의 눈을 빌려 내 모습을 바라볼 수 있다는 것이다.

친구의 눈에 비친 자신의 모습을 사랑하는 일과 친구의 눈을 바라보는 일은 분리되지 않는다. 즉 친애과 자기애는 동시에 일어나는 것이다. 이런 맥락에서 아리스토텔레스의 '친구란 두 개의 몸에 깃든 하나의 영혼'이라는 유명한 명제가 나온다.

실용적인 관계와
우정 사이

그렇다면 진정한 우정에 헌신할 수 있는 사람은 누구일까? 사회적 본능을 강력하게 타고났음에도 우정에 근접한 그 어떤 유대관계도 맺지 못하는 사람이 있다. 우정은 양편 모두가 일정한 도덕적 능력을 갖춰야 가능하다. 무엇보다 우정은 신뢰의 관계다. 타인이 보내는 신뢰를 존중하고 유지, 관리하지 못하는 사람에게 진정한 우정을 기대할 수는 없다. 온갖 종류의 범죄자들이 왜 우정의 능력을 갖추지 못하는지 생각해보면 알 수 있다. 이들은 모든 관계의 목적을 기본적으로 약탈로 생각하기 때문에 진짜 친구를 만들기 위한 상호호혜적인 애착을 기대하기가 어렵다. 비단 범죄자뿐만이 아니라, 악한 성향의 사람이 구축한 관계는 궁극적으로 우정이라는 것을 상상할 수조차 없는 불순한 동기가 이끌어낸 일시적이고 덧없는 관계다.

우정을 가짜 우정 혹은 요즘 들어 흔해진 '실용적인 관계'와 혼동해서는 안 된다. 많은 이들이 실용적인 관계를 우정의 한 가지 예로 오해하지만 그렇지 않다. 실용적인 관계는 계약적이거나 재정적인 동맹 혹은 일종의 정치적인 애착일 수도 있지만, 어떤 경우이든 결국 은밀한 동기에 의해 좌우되는 관계이다. 이들과 친밀한 대화를 나눈 적이 있다고 해서 그것을 절대로 우정이라 착각해서는 안 된다. 조지의 우정이 바로 그런 경우다. 조지는 대기업 회장으로 친구가 많은 것을 자랑으로 여겼다. 하루걸러 한 번씩은 누군가 그와 가족을 저녁 식사에 초대했고 크리스마스 파티를 열면 한 번도 참석을 거절한 적이 없는 손님이 수십 명도 넘었다. 조지는 손님들과 나눈 것이 우정이라 착각했지만, 이러한 관계는 대부분 '실용적인 관계'로 그가 현재의 지위에서 내려오면 곧바로 끝이 날 재정적 동맹일 뿐이다.

경제적 관심사, 정치적 고려, 수익을 창출할 계약의 가능성 등은 우정의 적절한 기본토대가 아니다. 오히려 자신의 이득을 위해 타인을 '이용'하는 암묵적 착취관계에 가깝다. 겉모습은 종종 유쾌하고 즐거워 보일지 몰라도 본질적으로는 상대방에 대한 의미 있는 관심이 부족하다. 사실 상대방을 향한 관심이야말로 진정한 우정의 필수요소 중

하나다.

　우리는 우정을 흔한 감정이나 관계라고 쉽게 생각하곤 한다. 사실 우정이란 것은 개인과 개인 사이의 신성(神聖)에 가까운 유대관계다. 우리가 인식하지 못할 뿐, 삶에서 경험하는 대다수 관계에서는 찾아보기 힘든 어렵고도 도전적인 기준이 요구되는 관계이다. 희생과 헌신, 의무, 책임과 같은 것들 말이다. 이런 것들을 서로 나누는 숭고한 관계가 바로 우정인 것이다. 그렇기 때문에 진정한 우정을 나누는 것은 행운에 가까울 만큼 몹시 드문 경우다. 운이 좋아 이러한 관계를 만들 수 있다면 '또 다른 자아'가 된 상대방과 함께 모든 것이 새로운 의미로 다가오며 삶이 완전히 바뀌는 경험을 하게 될 것이다.

　어마어마한 권력도 돈도 지위도 진정한 친구가 주는 소중한 기쁨을 대신해줄 수는 없다. 아리스토텔레스의 말처럼 우정은 두 사람이 한 영혼을 공유하는 관계다. 이렇게 영혼을 나누는 '소울메이트'가 없다면 삶의 에너지와 의미는 그만큼 퇴색될 것이다.

아리스토텔레스

기원전

384년

~

322년

의사의 아들로 태어나
왕의 스승이 되다

아테네인에게는 촌구석이나 다름없는 마케도니아의 스타게이라에서 태어난 아리스토텔레스는 마케도니아 왕 아민타스 2세의 주치의였던 궁정의사의 아들이었다. 그의 아버지는 의사로서는 물론이고 의학과 자연과학 저술가로도 널리 알려진 인물이었다. 아리스토텔레스가 자연과학과 생물학에 깊은 관심을 보이고 그의 철학이 구체적 현실에 대한 관찰을 발판으로 삼고 있는 것은 이러한 가풍 덕분이리라 추측된다. 이렇게 의사의 아들로 태어나 십 대에 아카데미아에 입학한 뒤 왕의 스승이 되어 후에 대학교 학장을 지내는 등 겉보기엔 엘리트 코스를 밟고 순탄한 삶을 산 것 같지만, 사실 아리스토텔레스는 어린 시절 양친을 모두 잃고 친척의 손에 자랐으며 말년엔 소크라테스처럼 사형 위기를 겪고 아테네에서 쫓겨나는 등 위태로운 삶을 살았다.

　17세가 되던 해, 아테네로 삶의 터전을 옮긴 아리스토텔레스는 플라톤이 세운 아카데미아에 입학한다. 그곳에서

약 20년간 철학을 공부하고 교수가 된 그는 아카데미아를 물려받고 싶어 했으나 플라톤은 타계하면서 자신의 학교를 조카 스페우시포스에게 물려줬다. 이에 마음이 크게 상한 아리스토텔레스는 아테네를 떠나 소아시아에 머물다 마케도니아 왕 필립포스 2세로부터 어느 소년의 가정교사가 되어 달라는 뜻밖의 제안을 받게 된다. 그 13세 소년은 후에 그리스·페르시아·인도에 이르는 대제국을 건설한 알렉산더 대왕이 되었다.

2천 년간 서양 철학과 과학을 지배한 대학자

알렉산더 대왕이 즉위하자 아리스토텔레스는 아테네로 돌아와 직접 학교를 세우고 '리케이온'이라고 명명한다. 리케이온은 플라톤의 아카데미아와 달리 실험과 관찰을 중심으로 교육했다. 리케이온에는 큰 도서관과 알렉산더 대왕이 보낸 진기한 동식물로 가득 찬 전시관도 있었다. 아리스토텔레스는 제자와 함께 산책로를 자유롭게 거닐며 학문을 했다 하여 '소요학파'라고 불렸다.

기원전 323년 알렉산더 대왕이 죽자, 마케도니아 배척 물결이 일었고 아리스토텔레스는 아테네 시민으로부터 신을 모독했다는 이유로 고소당한다. 소크라테스와 같이 독배를 마실 위험에 처하자 그는 도망치듯 고향인 칼키스로 떠나 이듬해 사망했다.

아리스토텔레스가 서양의 지성사에 지대한 영향을 끼쳤다는 데 이견을 제시할 사람은 아무도 없을 것이다. 17세기-18세기 무렵까지 유럽과 지중해 연안의 국가들에서의 철학과 과학의 역사는 대부분 아리스토텔레스 사상의 연구로 이루어져 있다. 물리학, 형이상학, 시, 생물학, 동물학, 논리학, 수사학, 정치, 윤리학 등 학문을 최초로 분류한 것도 바로 그였다. 특히 자연과학에 대한 아리스토텔레스의 견해는 중세 학문에 깊은 영향을 주었다. 이러한 그의 견해는 뉴턴 물리학으로 패러다임을 전환하게 되는 르네상스 시대까지 서양 철학과 과학의 거의 모든 학문 분야에 강력한 영향을 끼쳤다.

"자신의 마음을
바꿀 수 있는 일은
할 수 있는 일이며
타인의 마음을
바꿀 수 있는 일은
할 수 없는 일이다.
할 수 있는 일에 힘을
쓰는 사람은
지혜로운 사람이며
할 수 없는 일에
힘을 쓰는 사람은
어리석은 사람이다."

말

에픽테토스

로스앤젤레스에 사는 파멜라는 세 번의 결혼과 세 번의 이혼을 겪고 보니 60대 후반이 되어 있었다고 말했다. 그녀는 마지막 이혼 후 혼자 살면서 건강한 마음과 영혼의 안식을 구하기 위해 여러 심리치료사를 전전하고 있었다. 파멜라는 자신의 삶을 이렇게 반추했다.

"항상 즉흥적이었어요. 고향을 떠나 대학에 갔지만 곧 그만둬 버렸죠. 술집에서 만난 남자와 몇 주 만에 결혼을 했거든요. 그 남자를 따라 한 달에 한 번꼴로 직장을 옮겨 다녔어요. 행동할 때는 어떤 생각이나 걱정도 하지 않았죠. 모든 일이 벌어지고 나서야 걱정이 되기 시작했지만 삶의 태도를 바꾸진 않았어요. 그저 후회만 했을 뿐입니다. '그

남자와 결혼하지 말걸', '직장상사의 행동을 좀 더 참아볼걸', '그때 고향을 떠나지 말걸'이라고 말이죠. 하지만 후회가 들어도 그때뿐이었어요. 현실을 즐겁게 살기보다 괴로운 나를 만든 사람들을 찾아 탓하곤 했거든요. 나이가 들어가는 것, 저를 말리지 않았던 부모님, 저한테 함부로하는 남편, 도움은커녕 사고만 치는 아이들. 그들을 변화시키기 위해 평생 에너지를 쏟아부었죠. 이제서야 알았어요. 제가 제 통제 아래 있는 일에 대해서는 걱정한 적이 없다는 것을. 스스로 어떤 것을 쫓을 지 선택할 수 있었는데도 말이죠."

한편 보스턴에 사는 티파니는 언제나 자신이 감당할 수 있는 일에만 집중했다. 학업은 신중하게 계획했고 남편이나 친구, 업무에 관련한 사람들도 신중하게 선택했다. 과거에 일어난 일은 이미 벌어진 일이기에 그것에 대한 후회로 현재의 자신을 괴롭히지 않았다. 인생에서 뭔가 잘못되었을 때에도 남을 탓하기보다는 지금 자신이 할 수 있는 것은 무엇인지 현명하게 판단하려고 노력했다. 타인을 변화시키는 것은 자신이 변화하는 것보다 훨씬 어려우며 거의 불가능한 일임을 알았기에 헛된 에너지를 낭비하지도 않았다. 그녀는 이미 벌어진 일을 후회하거나 바꿀 수 없는 것들을 걱정하는 것이 현재 자신의 판단력을 흐트러뜨리고 심지어 잘못된 선택을 하게 만든다는 것을 잘 알고 있었다. 현재 60대 초반에 접어든 티파니는 남편과 함께 살고 있고 엄마를 보물처럼 여기는 두 자녀가 있으며 정신적인 문제를 해결하기 위해 심리치료사를 찾아간 적도 없다.

파멜라와 티파니의 이야기는 에픽테토스가 말하는 인생 계명 "자신의 마음을 바꿀 수 있는 일은 할 수 있는 일이며 타인의 마음을 바꿀 수 있는 일은 할 수 없는 일이다. 할 수 있는 일에 힘을 쓰는 사람은 지혜로운 사람이며 할 수 없는 일에 힘을 쓰는 사람은 어리석은 사람이다."를 분명하게 드러내는 좋은 예다.

스스로 감당할 수 있는 일, 자신의 행동으로
변화를 시키고 영향을 끼칠 수 있는 일만 걱정하라.
스스로 방향을 지시하거나 변화시킬 능력이
안되는 일은 걱정하지 말라.

할 수 없는 일에 힘을 쓰는 사람은 어리석은 사람이라는
이 신조는 고대 스토아학파가 설파한 지혜 중에서도 오늘
날까지 시사하는 바가 강력한 에픽테토스의 철학을 요약
해놓은 것이다. 현대인들은 고대와 달리 더 다양한 관계와
상황을 맞닥뜨리게 됐다. 달라진 사회제도, 넓어진 활동
반경, 그 안에서 맺는 다채로운 관계는 여러 상황을 만들
어내고 상황은 다시 인간의 삶에 들어와 다양한 상황과 감
정을 던져준다. 인간이 맞이하게 되는 상황과 감정에는 행
복이나 기쁨과 같은 긍정적인 것들도 있지만 그에 못지않
게, 혹은 그보다 더 많은 고난과 역경, 불화와 같은 부정적
인 감정들도 있기 마련이다. 문제는 이런 부정적인 상황과
감정을 맞이하는 인간의 태도이다. 우리는 종종 자신의 능
력으로 제어할 수 없는 타인의 감정부터 이미 벌어진 경제
적인 문제, 심지어 자연재해를 걱정하며 자신을 괴로움의
구렁텅이로 밀어 넣는다. 자신의 삶을 충실히 살아가는 데
할애해야 할 소중한 시간을 걱정으로 허비하는 것이다.

모든 인간의 삶에 침입해 들어오는 역경과 불화에 맞서는 핵심 비결은 스스로 감당할 수 있는 것과 없는 것을 분명하게 구별함으로써 어려움을 향한 자신의 태도부터 분명히 밝히는 것이다. 투자권유를 잘못 받아 거액의 재산을 날리게 된 사람은 투자금은 회수할 수 없을지 몰라도 자기 고문에 빠지는 상황은 면할 수 있다. 자연재해를 입거나 중병에 걸린 사람, 불의의 사고를 당한 사람 등은 과거의 삶을 완전하게 회복할 수는 없을지 몰라도 역시 자기 고문을 피할 수는 있을 것이다. 다시 말해 살면서 추구해온 모든 일의 결과를 통제할 수는 없어도 결과에 대한 자신의 반응은 확실히 통제할 수 있다. 바로 여기에 행복하고 충만한 삶을 가꾸어나갈 잠재력이 숨어 있다.

에픽테토스의 부러진 다리

에픽테토스는 노예 출신 철학자였다. 그가 노예였던 시절, 네로 황제에 의해 자유민이 된 해방노예 출신이 그의 주인이었는데 이런 독특한 배경 덕분인지 흥미로운 일화가 전해진다.

에픽테토스는 노예 시절에도 총명하고 사색하길 좋아하여 주인은 그런 그를 주제도 모른다며 못마땅하게 여겼다. 그러던 어느 날 주인은 에픽테토스를 화나게 할 요량으로 다리를 비틀었다. 그러자 에픽테토스가 웃으면서 말했다. "주인님! 그렇게 계속 비틀면 다리가 부러집니다." 주인은 화가 나서 다리를 더욱 비틀었고 곧 다리가 뚝 하고 부러졌다. 에픽테토스는 웃으면서 태연자약하게 말했다. "거 보십시오. 계속 비틀면 다리가 부러진다고 하지 않았습니까?" 다리가 이미 부러질 운명으로 결정되어 있다는 것을 이성으로 파악한 에픽테토스는 감정을 느끼는 것조차 무가치함을 깨닫고 차분하게 어떠한 정념에도 흔들리지 않는 상태인 '아파테이아'의 경지를 발휘했다는 유명한 일화이다. 사실 학자들은 이 일화가 에픽테토스의 철학을 강조하기 위해 후세에 지어낸 이야기일 거라고 추측한다. 에픽테토스 스스로 그의 주인 덕분에 유명한 스토아 철학자인 무소니우스 루푸스 밑에서 철학 공부를 했다고 직접 기록했기 때문이다. 사실 여부야 어쨌든 이 일화는 에픽테토스가 주창했던 철학과 그 자신이 삶을 어떤 자세로 임했는지 잘 알 수 있는 대표적인 예로 볼 수 있다.

에픽테토스는 인간을 둘러싼 모든 것을 외적세계와 내적세계로 나눴다. 외적세계는 자신에게 달려 있지 않은 것, 즉 육체나 사회적 평판·재물 같은 것이며 이런 것들을 추구할 때 불행이 온다고 주장했다. 내적세계는 주어진 외적세계에 반응하는 인간의 믿음·충동·욕구·행동에 대한 선택이며 개인의 의지와 자유가 작용하고 제어할 수 있는 영역이라 했다. 즉 인간의 진정한 자유는 외부조건이 아닌 인간 내부에 있는 것이다. 에픽테토스는 실제로 불행이 닥쳤을 때 통제할 수 없는 조건 때문에 괴로워 말라고 했다. 사람을 심란하게 하는 것은 그 일 자체가 아니라 그 일에 관한 믿음이며, 그것은 충분히 제어할 수 있기 때문이다.

안타깝게도 무한한 에너지를 타고나는 사람은 없다. 그러므로 자신이 감당할 수 없는 일을 걱정하는 것은 낭비이자 파괴이다. 에너지를 헛되이 쓰게 하고 불행을 지속시키며 악화시킬 뿐이다. 이처럼 간단한 전제를 이해하고 스스로 통제할 수 없는 일에 빠져들지 않도록 감당할 수 있는 일에 집중하는 지혜와 의지, 규율을 닦는다면 에너지를 효율적이고도 효과적으로 할당할 수 있다. 또 자기 자신과 주변 환경과도 조화를 이루며 평화롭게 살아갈 수 있다.

통제범위를 구분하라

오늘날과 같은 자유사회에서 사회적으로 어떤 길을 걸을 것인가, 즉 직업이나 사업·학업·가족에 대해 추구하고자 하는 일과 그렇지 않은 일을 선택하는 것은 전적으로 우리에게 달려 있다. 다시 말해서 이런 일들은 스스로 감당할 수 있는 일이다. 또 배우자와 친구, 동업자, 국회의원 등 자신과 관계있는 사람을 선택하는 것 역시 우리의 통제범위 안에 있는 일이다. 살고 싶은 공간, 일하고 싶은 장소, 추구하고자 하는 즐거움, 입을 옷, 소유하고 싶은 물건에 대한 욕구 역시 자신의 지배 아래에 놓여 있다.

자신의 통제범위를 벗어나 자연의 지배 아래 놓여 있는

일의 대표적인 예로는 바로 나이가 드는 것이 있다. 나이를 먹는 과정에서 삶의 여러 단계를 거쳐 가는 것, 신체적인 외모나 정신상태의 변화 등은 삶의 여러 방향에서 자신을 자극하고 괴롭게 한다. 하지만 명심해야 한다. 조금 더 빨리 노화가 진행되는 사람도 있고 천천히 진행되는 사람도 있지만 누구나 시간이 흐르면 늙는다. 이 법칙에는 어떠한 예외도 없다. 우리의 통제 밖에 있는 또 다른 일을 꼽으라면 존재의 마지막 장이라고 할 수 있는 죽음이 될 것이다. 누구는 사고나 질병으로 남보다 이른 나이에 죽음을 맞이하고 또 누구는 자연사로 조금 더 늦게 죽음을 맞지만 언젠가는 모두가 죽는다. 이 법칙도 마찬가지로 예외란 없다. 자연은 주었던 것을 결국은 거두어 간다. 그러므로 목숨을 '잃는' 게 아니라 그저 처음 주어진 자연으로 '돌아가'는 것이다. 배우자나 자녀, 친구, 동업자, 직장동료, 상사 등 주변인들의 행동 또한 우리의 통제범위 밖에 있는 일이다. 우리는 절대자가 아니다. 그들을 통제하는 것은 불가능한 일이다. 즐거웠거나 불쾌했거나 이미 일어났기에 바꿀 수도 만회할 수도 없는 일, 다시 말해 과거 또한 통제 밖의 일이다.

　물론 삶에 영향을 끼치는 일들을 이해하고, 스스로 지배할 수 있는 일과 지배할 수 없는 일을 구별하며, 오직 감당할 수 있는 일만 걱정하고, 해결할 수 있는 문제에만 집중하는 것은 말처럼 쉽지만은 않다. 이를 위해서는 지혜와 의지, 규율이 필요하다. 먼저 자신의 통제범위 안에 있지 않은 사람과 제도를 변화시키는 것이 불가능하다는 사실을 이해하려면 지혜가 있어야 한다. 또한 우리의 통제 아래 있지 않은 일의 불리한 결과를 받아들이려면, 예를 들어 노화가 가져오는 즐겁거나 즐겁지 못한 결과들, 자신과 사랑하는 이들의 죽음에 대한 불쾌한 생각, 다른 사람의 행동이 만들어낸 불리한 결과, 과거에 일어난 일이 안겨주는 고통 등을 받아들이려면 의지와 결단력이 필요하다. 또 통제할 수 없는 일에서 통제할 수 있는 일로 에너지와 노력의 통로를 전환시키려면 규율이 필요하다. 통제범위를 벗어난 일을 추구하다가 생긴 불리한 결과 때문에 마음이 흔들리거나 넘어지지 않도록 하기 위해서도 마찬가지로 규율이 필요하다.

과거를 살아가는 이는
현재를 살아갈 수 없다

어떤 사람들은 감당할 수 있는 일과 없는 일을 구별하는 능력을 운 좋게 타고나 통제할 수 있는 일을 구별하고 그곳에 집중할 수 있다. 이런 사람들은 아침에 일어나면 눈앞의 모든 문제에 대해 다음과 같은 간단한 질문을 던진다. 이 문제에 대한 해결책이 나의 이해범위 안에 있는가? 그렇지 않다면 다음 문제로 넘어간다. 이렇게 해결할 수 있는 문제만 남을 때까지 계속해서 다음 문제로 넘어간다.

예를 들어 거울을 들여다보며 머리숱이 점점 줄고 하얗게 세어가는 자신을 볼 때마다 이런 질문을 던져볼 수 있을 것이다. 나는 이 일에 어떻게 대응할 수 있을까? 모발이식이나 염색은 일시적일 뿐 영원한 해결책은 되지 못한다. 머리카락이 하얗게 세어가고 머리숱이 적어지는 것은 노화과정의 일부분인데 이는 자연의 통제범위 안에 있는 일이지 내가 어떻게 할 수 있는 일이 아니므로 걱정할 바가 아니다. 물론 이렇게 생각하기는 쉽지 않다. 그러나 바꿀 수 없는 것에 마음을 쓰는 것은 현재의 나를 괴롭히는 것임을 직시해야 한다. 그리고 다음 문제로 넘어가야 한다.

직업이 마음에 들지 않는다면, 이를 바꿀 수 있을까? 이 일은 나의 통제범위 안에 있는가? 그렇다면 다른 직업을 구하는 데 필요한 단계를 계획으로 세워야 한다. 다른 직업을 가지는 데 필요한 자격증이나 공부는 내가 통제 가능한 범위 내에 있는 일이다. 만약 그렇지 못하다면, 다시 말해 현재 직업을 바꿀 상황이 못 된다면 걱정을 해봐야 도움이 되지 않는다. 그러니 다음 문제로 넘어가자.

누구나 위의 예처럼 걱정해서 바뀌지 않을 것을 구분하고 쉽게 넘기진 못한다. 우리는 흔히 모든 일이 다 자신의 통제범위 안에 있다고, 원하는 방향으로 바꿀 수 있다고 믿고 있거나 혹은 믿고 싶어 한다. 삶이 영원히 지속되리라 믿고 싶어 한다. 언젠가 더 큰 부를 안겨줄 것으로 생각해 재산과 부동산, 현금, 그림 등을 모으는 일에 열중하기도 한다. 노화와 죽음은 우리 존재의 제1막일 뿐 종교경전에 설명된 것처럼 죽음 뒤에 또 다른 삶이 이어질 것이라고 믿으며, 미래의 언젠가 기쁨을 안겨줄 일을 위해 현재 기쁨을 안겨주는 일을 미룬다. 또 배우자나 자녀의 행동을 바꿀 수 있다고 믿는 사람들도 있다. 그로 인해 상대방이 줄 수 없는 일을 기대하다 결과가 기대에 못 미치면 자신의 불행에 대해 상대방을 탓하고 싸움을 벌이며 감당할 수 없는 일에 에너지를 소진한다. 또 어떤 이들은 과거에, 이미 일어나버린 일에, 과거가 만들어낸 유쾌하거나 혹은 불쾌한 상황에 정신적인 에너지를 집중시킨다. 자꾸만 과거로 돌아가 부정적인 경험을 지우려고 하고 긍정적인 결과를 낳았던 경험은 되살리려고 애를 쓴다. 이런 식으로 자신이 통제할 수 없는 일의 노예가 되어 자신이 통제할 수 있는 일은 간과해버린다. 과거를 살아가는 사람은 현재를 살아갈 수가 없다. 더 행복한 삶을 위해 스스로 실천할 수 있는 일에 쓸 에너지가 없기 때문이다.

　삶이 불가피하게 던져준 정서적인 스트레스와 상처를 치유할 만병통치약은 존재하지 않는다. 그러나 고대 그리스의 스토아학파는 이와 같은 고통에 대해 이성적인 접근을 한다면 그것이 가능하다고 설파했다. 스토아 학자들은 사람들이 겪는 거의 모든 불행의 주체는 바로 우리임을 성공적으로 증명했다. 돌이킬 수 없는 일, 이미 자기 손에서 떠나 버린 일을 자꾸 생각한다면 수없이 많은 불면의 밤들이 찾아올 것이다. 이미 손을 떠나 버렸기에, 돌이킬 수 없기에 아무리 생각해도 개선을 할 수 없으니 어찌 보면 당연한 일이다. 그러나 그렇게 시간을 버린다면 동시에 스스로 개선할 수 있는 일에 쏟을 에너지와 집중력이 고갈되고 말 것이다.

가장 중요한 문제가 바로 여기에 있다. 삶의 가장 위대한 축복이라고 볼 수 있는 영혼의 평화와 안녕을 스스로 부정하는 결과를 가져온다는 것. 엎질러진 물을 한탄하는 사람은 스스로 삶을 망가뜨리는 셈이다. 이에 대한 이성적인 대안은 자신이 영향을 미칠 수 없는 일은 단념하고 결실을 가져오는 실천에 집중하는 것이다. 자신의 통제 아래 있는 것과 그렇지 않은 것을 구별할 수 있는 분별력과 지혜, 그리고 통제할 수 없는 일에서 통제할 수 있는 일로 집중력을 전환할 줄 아는 규율을 기른다면 감당할 수 있는 일만 걱정하는 경지에 이를 수 있을 것이다.

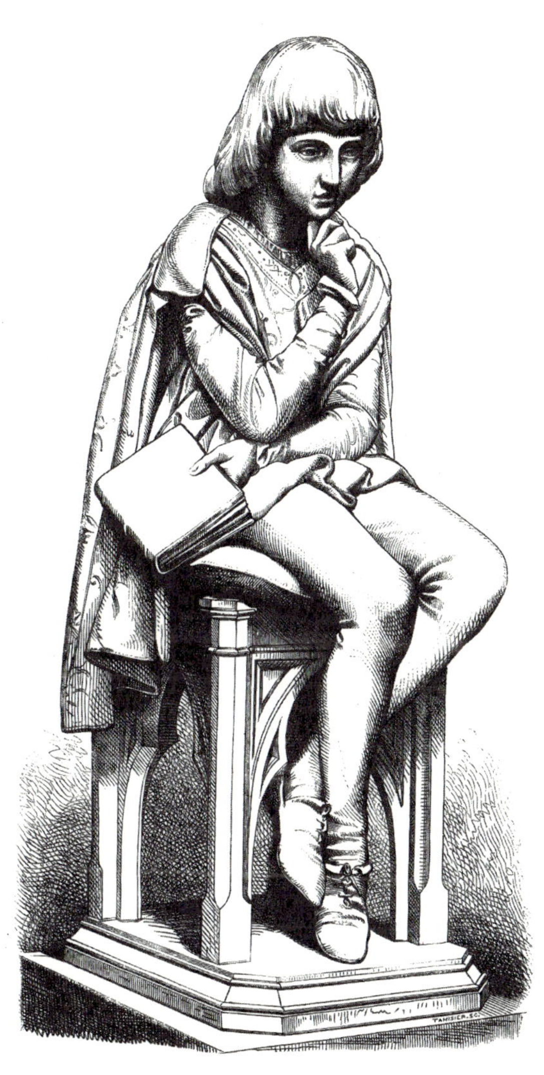

에픽테토스

55년경
~
135년경

절음발이 노예 에픽테토스,
철학자가 되다

소아시아 남서부 프리지아의 도시 히에라폴리스에서 태어 난 에픽테토스는 '부수적으로 얻은'이란 의미의 그리스어 '에픽테토스'로 불리던 노예였다는 것 외에 별다른 기록이 남아있지 않다. 다만 9세기 말 편찬된 《수다》의 기록에 에픽테토스가 로마에서 어린 시절을 보내며 네로의 해방 노예이자 부유한 자유민이었던 에파프로디토스 밑에서 노예로 일했다고 쓰여 있을 뿐이다. 에픽테토스의 삶은 스토아 철학자였던 무소니우스 루푸스를 만나면서 크게 바뀌었다. 그가 어떻게 노예에서 해방되어 자유를 얻었는지에 관해선 알려지지 않았지만, 결국 그는 자유민이 되었고 로마에서 철학을 가르치기 시작한다. 그러나 도미티아누스 황제의 철학자 추방령으로 로마에서 쫓겨난 에픽테토스는 그리스 서부 대도시 니코폴리스에 정착해 철학 학교를 세우고 평생을 스토아 철학 전파와 제자 양성에 힘쓴다.

인간은 작은 존재이지만
인간의 이성은 신보다 작지 않다

에픽테토스는 혼란스러운 당시 시대 상황 속에서 인간이 어떻게 살아가는 것이 올바른 것인가를 고민했다. 그러나 그는 다른 후기 스토아 철학자들이 현실 정치에 적극적으로 참여하여 갖가지 이권을 누린 것과는 달리 절제된 삶과 소박한 가르침 속에서 자신의 철학을 실천하고자 했다. 에픽테토스는 인간이 자연에 따라 살아갈 때 진정 행복해진다고 보았는데, 이때 자연에는 신과 인간의 이성도 포함된다. 그의 말에 따르면 인간은 신이 부여해준 이성을 통해 신과 지속적인 관계를 맺는다. 우주와 비교했을 때 인간은 작은 존재이지만 인간의 이성은 신보다 작지 않다. 따라서 에픽테토스는 인간이라면 신에게서 받은 이해하는 힘과 의지에 따라 살아가는 것을 삶의 목적으로 삼아야 한다고 주장했다.

한때 노예였던 에픽테토스는 알려진 바에 따르면 생전에 아무 저작도 남기지 않았다. 현재 남아있는 그의 사상은 모두 그의 제자 아리아노스가 저술한 것이다. 주요 저서는

《담화록》으로 본디 여덟 권이었으나 네 권만 지금까지 전해진다. 제자 아리아노스가 남긴 에픽테토스의 사상은 후대 철학자들에게 깊은 영향을 미쳤다. 마르쿠스 아우렐리우스는 그의 저작 《명상록》에서 《담화록》을 여러 번 언급하고 있으며, 당대의 의학자이며 철학자인 갈레노스는 파보리누스의 비판에 맞서 에픽테토스를 옹호하는 책을 썼다고 한다. 이는 그의 사상과 말이 얼마나 강력하고 설득력이 있었는지를 보여주는 가장 주목할 만한 증거이다.

말 4

아이스킬로스

"부유한 바보는
고통스러운
짐 덩어리다."

테드는 늘 부의 축적에 집착했다. 스물한 살의 나이에 시애틀에 있는 주립대학을 그만두고 재정자문가로 대기업에 입사한 그는, 40여 년 전인 스물다섯 나이에 이미 백만장자가 되었고 안락한 집에 살았으며 1백만 달러 가치에 육박하는 주식을 소유했다. 그는 곧 자수성가한 젊은이로 유명세를 타기 시작했다. 테드는 서른다섯이 되자 자산규모를 부동산과 예술품 수집, 요트, 명품시계로 확대했고 자신이 연 투자설명회 자리에서도 재산을 자랑할 기회를 절대로 놓치지 않았다.

"삶은 곧 부의 축적입니다. 돈만 있으면 뭐든 다 할 수 있어요. 세상의 모든 승리를 거머쥘 수 있어요. 다른 사람은 몰라도 내 경우는 그랬어요."

그는 갓 사회에 나온 풋내기들 앞에서 거만하게 말하곤 했다. 재산을 긁어모을 때 테드는 가차 없었고 때로는 무모할 정도로 청렴과 반대 길을 걸었으며 설사 의미 있는 인간관계이더라도 이득과 관련이 없으면 잘라냈다. 반대로 돈을 벌기 위해서라면 부모를 포함한 주변 사람들도 주저 없이 이용했다.

"투자를 위해서라면 가족과 친구들도 이용해야 합니다. 그들이 밥을 먹여주진 않거든요. 가족애나 정 같은 건 가난한 이들이 자신을 위로하기 위해 하는 말이죠. 어차피 그들은 그 '사랑'과 '정'을 가졌으면서도 밥은 굶고 있지 않습니까?"

그는 금융시장에 투자하기 위해 부모의 고급주택을 저당잡혔고 중개료를 벌기 위해 사고로 장애인이 된 삼촌의 보상금과 보험금에 손을 댔다. 또 자신의 이익을 앞세워 불안정한 금융상품을 퇴직한 이웃에게 판매했다.

"이득 없이는 누구에게도 점심 식사를 대접해 본 적이 없습니다. 투자는 대가를 받을 수 있는 사람에게 해야 하는 게 당연한 이치죠. 결혼과 가족에 대해서 생각해본 적도 없었어요. 배우자나 가족이 생기면 돈벌이에 소홀해질 것 같았기 때문이죠. 또 그들이 제 재산을 쓸 거 아닙니까? 어떤 일에도 시간을, 내 돈을 허비하고 싶지 않습니다.”

이제 60대 초반에 이른 테드는 가족도 친구도 이웃도 없이 텅 빈 저택에 홀로 살고 있다. 그는 자신이 돈에 관한 가장 영리하고 기민한 사람이라고 생각했다. 물론 그는 돈에 관한 ‘감각’이 뛰어난 이였다. 그러나 돈 이외의 것에 대해선 아무것도 몰랐다. 돈으로 살 수 없는 것이 아무것도 없다고 믿었던 테드는 이제야 비로소 부만으로는 행복할 수 없음을 깨닫기 시작했다.

테드의 이야기는 독특하지도 새롭지도 않다. 역사는 인간관계를 망가뜨려가며 후대에 나쁜 본보기로 남은 부자들의 이야기로 가득하다. 미국 서부개척 시대 때만 하더라도 많은 사업가들이 노동자와 동업자를 착취하고 억압해 부를 축적하지 않았는가. 테드의 이야기는 그리스 극작가 아이스킬로스가 말하는 인생 계명 “부유한 바보는 고통스러운 짐 덩어리다.”를 그대로 보여주는 예다.

삶 자체가 그릇된 삶을 완벽하게
바로잡아 줄 치유책이라 생각하지 말라.
이런 어리석은 생각으로 자신을 위험한
삶으로 이끌지 말라.

의미 없는 부의 획득 뒤에
오는 것들

부의 의미에 대해 사람들은 저마다 다른 생각을 품고 있다. 어떤 이에게 부란 돈과 부동산, 주식 등의 형태로 된 재산의 축적을 뜻한다. 또 어떤 사람에게는 기업이나 정부 내 요직을 차지하면 따라오는 권력의 축적과 지위의 성취를 의미한다. 어떤 경우든 부는 재산과 에너지를 합리적으로 사용할 줄 아는 지혜를 필요로 한다. 이러한 지혜가 없는 경우를 아이스킬로스는 부유한 바보라는 적절한 말로 표현했다.

많은 이들이 부를 얻기만 하면 모든 어려운 일이 저절로 해결되며 행복하고 충만한 삶이 보장되리라 추측한다. 지금의 걱정과 불행이 오직 경제적인 문제에서 비롯됐다고 단순하게 생각하는 것이다. 그러나 경제적인 안정은 행복을 향해 갈 때 필요한 한 단계일 뿐, 그 자체로 충분하지 않다. 앞의 일화에 등장한 테드처럼 부를 획득하는 과정에서 많은 이들이 청렴결백을 훼손하고 의미 있는 인간관계를 망가뜨리며 의미도 목적도 없는 삶을 창출한다. 결국 이들이 실제로 얻는 게 무엇이겠는가?

행복하고 의미 있는 삶을 부와 연결 짓는 사람은 실제 부유할지라도 적절한 삶을 지배하는 가치관의 우선순위를 완전히 오해하고 있기 때문에 바보라고 볼 수 있다. 부유한 바보는 돈이란 본질적 가치를 지닌 대상을 얻기 위한 하나의 수단이자 장치에 불과하다는 사실을 이해하지 못한다. 돈은 더욱 중요한 목적을 향해 가는 하나의 도구에 불과할 뿐 그 자체가 목적이 되지는 않는다는 사실을 이해하지 못하면 불행과 혼란은 계속된다. 그리고 그것이 종국에 어떤 모습으로 올지는 예측할 수 없다. 아이스킬로스가 적확하게 지적한 대로 부유한 바보는 무거운 짐 덩어리이며 무엇보다 자기 자신에게 짐이 된다. 즉 부의 도구적 본성을 이해하지 못한 탓으로 자신의 손으로 직접 알맹이 없는 삶을 선고하는 것과 다름이 없다.

아이스킬로스는 기원전 525년 아테네 인근의 도시 엘레우시스에서 태어났다. 그의 아버지 유포리온은 신관직을 맡아보는 고대 그리스의 세습 귀족이었다. 아이스킬로스의 생애에 대해서 그다지 자세하게 알려진 바는 없으나 주요 행보 몇 가지만은 알려졌다.

귀족 집안에서 태어난 아이스킬로스는 극작가가 되기를 희망했다. 그는 24세부터 아테네의 대표적 극작 경연대회인 디오니소스 축제 연극 부문에 출전했는데 한 번도 우승하지 못했음에도 포기하지 않고 16년 동안이나 재도전을 한다. 중간에 그는 마라톤 전투와 살라미스 대전이라는 거대한 전투에 출정하기도 했다. 전투에서 돌아온 후에도 아이스킬로스의 도전은 끝나지 않았고 드디어 40세가 되던 해, 그는 첫 우승을 거머쥐었다. 그 후로 28년 동안 아이스킬로스는 12번이나 우승을 맛보았다. 그가 어떤 마음가짐을 갖고 살았는지까지는 알 수 없지만 그의 행보를 보면 이렇게 말하는 듯하다. '진정 가치 있는 것을 삶의 우선순위로 삼아라.'

부유한 바보가 망치는 건 자신뿐만이 아니다

아이스킬로스가 '짐 덩어리'라고 비유한 부유한 바보는 자신에게 상처를 가하는 것으로 끝나지 않는다. 문제는 중대한 재정적 원천을 소유한 바보들이 사회 전반에 불건전한 견해를 유포하고 촉구하기도 한다는 것이다. 특히 대중매체의 파급력이 거대해진 오늘날에 이르러서는 더욱 그러하다. 텔레비전과 영화, 각종 인쇄매체는 개인 생활방식의 가장 이상적인 가치가 마치 부와 그것을 얻기 위한 경쟁인 것처럼 대중을 부추긴다. 문제는 결과적으로 이 부유한 바보들의 가치관이 마치 일반적인 삶의 기준인 것처럼 포장되고 확산하면서 전 사회에 엄청난 '짐 덩어리'가 된다는 것이다. 흔히 부유한 바보들이 화려한 조명 아래 있을 때는 마약이나 이혼, 삶에 대한 지속적인 불만 등 파멸의 모습은 잘 드러나지 않는다.

요컨대 아이스킬로스의 잠언은 부가 모든 문제를 해결해주고 행복한 삶을 보장해준다고 믿는 사람들에게 세 가지 뚜렷한 메시지를 던져준다. 첫째, 부를 축적했다고 해서 실수나 어리석음이 면제되지는 않는다. 부의 축적에 상당한 기술을 연마한 사람은 오히려 삶의 가장 중요한 교훈을 무시할 수 있다. 둘째, 문화적인 본보기를 지정할 때는 세심한 주의가 필요하다. 부 자체는 결코 행복과 지혜의 보증수표가 아니므로 부유한 바보가 문화의 아이콘으로 포장되는 것을 경계해야 한다. 잘못하면 부유한 바보들이 자기 삶의 짐 덩어리가 되는 것에 그치지 않고 문화 전반에 걸쳐 짐 덩어리를 양산하는 지경에 이르고 만다. 셋째, 우리 모두 부유한 바보가 되지 않을 의무를 갖고 있다. 아마도 이것이 고대 그리스인들이 현대인들에게 전달해준 가장 훌륭한 지혜일 것이다. 우리는 합리적인 동물인 만큼 추구하는 기쁨 역시 이성이 부재한 상태에서는 결코 얻을 수가 없다. 엄청난 재산이나 권력, 특권도 저절로 어리석음을 구제해주지는 않는다.

기원전

525년

기원전

456년

20년 만에
재능의 빛을 보다

아이스킬로스는 아티카의 데메테르 여신을 받드는 도시 엘레우시스의 신관직을 맡아보는 귀족 가문에서 태어났다. 그가 태어난 시기는 아테네의 참주정치가 막을 내리고 민주주의 확립되어 가던 혼란기였다. 아이스킬로스가 어떻게 살았는지에 대한 기록은 거의 남아 있지 않지만 기원전 490년 페르시아 전쟁이 발발해 마라톤 전투에 출정한 뒤 살라미스 해전에도 참여했다는 기록은 남아 있다. 이때 그와 함께 출정했던 형제 사이네게이로스는 전쟁에서 전사한 후에 영웅으로 추앙받았다. 전쟁에 출정하긴 했지만 그의 본업은 따로 있었다. 기원전 499년 24살의 아이스킬로스는 아테네의 대표적 극작 경연대회인 디오니소스 축제 연극 부문에 극작가로 첫 출전을 한다. 그가 비로소 자신의 재능에 빛을 본 건 2번의 전쟁을 겪고 돌아오는 등 16년이 흐른 마흔 살의 봄날이었다. 첫 승을 거둔 그는 그 후로 12번의 우승을 더 거머쥐었다.

위대한 정신이 위대하게
재앙을 마주 대하다

아이스킬로스는 그 후로 극작가로서 온 그리스에 명성을 떨쳤다. 죽을 때까지 90편의 희극을 썼으나 현존하는 것은 7편뿐인데, 그가 다작을 하였다 하여 오늘날까지 명성이 전해 내려온 것은 아니다. 그가 유명한 까닭은 그가 바로 우리가 알고 있는 형식을 비극에 부여한 최초의 사람이기 때문이다. 당시 연극은 우리가 알고 있는 연극과 조금 달랐다. 한 명뿐인 배우, 많은 수의 합창대원, 대사보다 많던 노래들을 아이스킬로스는 두 명의 배우로 늘리고 합창대원을 줄였으며 대사의 중요성을 강조했다. 《시학》에서 아리스토텔레스는 아이스킬로스는 비극 분야에서 중요한 혁신을 실시한 인물이라 표현했고 후대의 사람들은 아이스킬로스를 '비극의 아버지'라 표현했다. 그의 최대의 걸작은 《오레스테이아》로 〈아가멤논〉〈코에포로이〉〈에우메니데스〉로 이루어졌으며 서로 연관된 주제로 이루어진 최초의 3부작이다. 《오레스테이아》는 오레스테스의 어머니에 대한 살해 전설을 새로운 폴리스(도시국가)적 정의에 의하여 해결하려고 한 작품이었다. 아이스킬로스는 거의 죽기 직전까지 희곡을 쓰고 상영을 한 뒤 시칠리아의 젤라에서 죽었다. 미국 고전학자인 이디스 해밀턴은 그를 일컬어 이렇게 말했다.

"만약 비극 특유의 영역이 인간의 비참함을 가장 암담한 상태에서, 인간의 위대함을 가장 찬란한 상태에서 보여주는 것이라면, 아이스킬로스는 비극의 창조자일 뿐만 아니라 모든 비극작가 중에서 가장 진실하게 비극적이다. 누구도 인생의 불협화음으로부터 그처럼 울려 퍼지는 음악을 만들어내지 못했다. 아이스킬로스의 극작품에는 체념이나 수동적으로 받아들이는 태도 같은 것은 존재하지 않는다. 위대한 정신이 위대하게 재앙을 마주 대했다."

말 ⁵

"남에게 악하게
구는 것은 자신에게
악하게 구는 것과 같다."

오하이오주의 한 백화점에서 근무하다 일을 그만두고 정신과 치료를 받고 있는 패트릭은 어린 시절부터 늘 음모와 계략 꾸미는 것을 좋아하는 사람이었다. 그는 특히 사람들을 이용해 곤란에 빠뜨려 놓고는 모르는 척 그들의 행동을 지켜보는 게 가장 좋았다고 말했다.

"학창 시절에는 그저 미처 수업을 듣지 못한 친구들에게 숙제를 잘못 알려주거나 오답을 알려주는 것에 만족했었어요. 잘못 알려주고 나서 친구들이 선생님께 혼나는 걸 보는 것도 재밌었지만 고작 몇몇 사람에게 한 거짓말로 제 성적이 오르는 게 제일 좋았죠. 하지만 점점 그런 시시한 것으로는 즐겁지 않았어요. 그다음부터는 악의적인 소문

을 만들어 퍼뜨리는 것에 매진했어요. 그렇게 친구들 사이
를 이간질한 후에 그들끼리 주먹질을 하거나 따돌림을 시
키면 나서서 중재하곤 했습니다. 그 덕에 학창시절에 평판
도 꽤 좋았죠."

　패트릭은 학교를 졸업하고 취업을 했지만 나쁜 습관을
고치지 못했다. 영업직으로 백화점에 취직했을 때도 동료
와 상사에 맞서 소문을 퍼뜨렸다. 자신을 나무란 상사에
대해서 악의적인 게시물을 만들어 온라인 커뮤니티에 올
리기도 했다. 이런 일을 자행하는 동기를 묻자 패트릭은
이렇게 말했다.

　"상당한 금액의 보너스를 얻기 위해서이기도 했고 빠른
승진을 하고 싶어서이기도 했죠. 악의적인 소문을 조금이
라도 흘리고 나서 하룻밤을 자고 나면 모든 사람이 알고
있더군요. 그들도 안 그런 척한 것일 뿐 다 즐기고 있었던
게 분명합니다. 회사에서는 그런 일이 일어나면 곧바로 인
사고과에 반영되죠. 덕분에 고속 승진을 할 수 있었어요.
이런 걸 모르는 사람들이 바보 같은 겁니다."

　패트릭은 다른 사람에게 나쁜 짓을 저지르는 게 습관이

됐다. 거짓말은 눈덩이처럼 불었지만 그 덕택에 높은 위치에 금방 올라섰다. 하지만 그의 '악의'는 점점 그 자신의 인성을 타락시키고 검게 물들이기 시작했다. 교묘하고 완벽한 거짓말을 하고 아무도 모르게 소문을 퍼뜨리더라도 결국 꼬리는 잡히기 마련이지 않는가. 점차 인간관계가 나빠지고 직장이나 사는 곳을 옮겨도 그에 관한 이야기가 꼬리표처럼 따라다니자, 패트릭은 기쁨을 모르는 심술궂고 신경질적인 사람으로 변해갔다. 급기야는 다른 사람의 선의도 거짓말일지 모른다는 망상에 사로잡혔고 그들도 자신이 했던 것처럼 똑같이 할지 모른다는 두려움 속에 살게 되었다. 결국 그가 남에게 행한 '악의'는 자신에게 모조리 돌아왔다.

　패트릭의 이야기는 악의를 경계하고 선의를 권장했던 그리스 대표 시인 헤시오도스가 말하는 인생 계명 "남에게 악하게 구는 것은 자신에게 악하게 구는 것과 같다."를 분명하게 보여주는 예다.

다른 사람에게 악행을 가하는 순간
피해를 당하는 사람은 두 명이다.
악행의 대상인 피해자도 희생을 당하지만,
피해를 입힌 가해자 역시 희생을 당한다.

눈에는 눈,
이에는 이의 부작용

현대 사회에는 악행을 어떻게 대해야 하는가에 관한 것조
차 여러 종류의 메시지가 혼재되어 있다. 예를 들면 유대
교나 기독교 같은 종교적 전통이 전하는 메시지는 타인에
게 악행을 저지르는 것은 죄악으로 여기고 자비와 용서,
박애, 사랑, 평화주의를 높이 산다. 그러나 모두 알다시피
이와 같은 감동적인 이상향도 실천하는 데는 많은 어려움
이 따르는 게 사실이다. 특히 다른 사람을 희생시켜가면
서까지 제 이익을 챙기는 게 당연하게 여겨지는 경쟁적인
현대 사회에서는 더더욱 그러하다. 요즘 같은 시대에 사
람들이 이따금 타인에게 해를 가하는 것은 그리 깜짝 놀
랄 만한 일도 아니지 않은가. 사람들은 이런 행동들을 '보
복', 이것이 너무 악의적으로 보인다면 '눈에는 눈, 이에는
이', 이것도 나쁜 행동처럼 보인다면 '당하기 전에 내가 먼
저 하기' 등으로 합리화하곤 한다. 다른 사람에게 악행을
저지르는 일을 상호교환 혹은 미래에 그들이 나에게 '어쩌
면' 입힐지도 모를 손해에 앞서 예방차원으로 하는 행위

등으로 스스로 정당화하는 것이다. 반면 악행이 행위의 주체에게 어떤 영향을 끼치는지는 크게 고려하지 않는다. 우리 는 '눈에는 눈, 이에는 이'가 악행을 이해 할 만한 근거라고 순진하게 생각하는 경향이 있다. 즉 상대방이 잘못을 저지르면 한 번 되갚아주는 것은 당연하며 그것은 내가 받은 것을 갚아주는 것이지 절대 잘못된 행동이 아니라는 생각이다. 그러나 다른 사람을 희생시킬 때 가해자에게 미치는 심리적·정서적·영적 영향력에 대해서는 누구도 심각하게 생각하지 않는다.

내가 품는 악의가 나에게 상처를 입힌다

기원전 7세기경 그리스의 시인 헤시오도스는 매우 합리적인 관점으로 악행을 반대했다. 그는 악행의 주체에게 미치는 중대한 영향 두 가지를 이해하고 있었다. 첫째, 악행은 쉽게 습관이 될 수 있으며 이 습관은 너무 빠른 속도로 되풀이되며 너무 쉽게 정당화된다. 둘째, 타인에게 상처를 주는 습관이 생기면 인간적인 신뢰가 떨어지고 영적 빈곤함에 시달리며 결국 행복한 삶을 향해 가는 길이 요원해진다. 다시 말하면, 악행에는 반동효과가 있다는 얘기다. 그래서 한 개인이 타인에게 해를 가할 때 희생자는 해를 입은 사람과 해를 가한 사람, 이렇게 두 명이 발생한다. 오늘날 정서로는 받아들이기 힘들지도 모른다. 타인에게 악행을 가하면 피해는 타인이 입는 것일 뿐 가해자에게는 거의 영향을 끼치지 않는다고 생각하는 사람도 있을 것이다. 그러나 악행이 반복되면 가해자는 더욱 심술궂고 즐거움을 모르는 사람으로 변모한다. 타인에게 던진 돌이 돌아와 자신의 영혼에 파괴적인 상처를 입히는 것이다. 또한 고결한 삶을 살아갈 수 있는 기회마저 희박해지는 고통에 처하게 된다.

헤시오도스는 이런 자신의 생각을 자신의 책《노동과 나날》에서도 이야기한다. 《노동과 나날》은 음흉한 계략과 뇌물로 자신이 받을 수 있는 몫보다 훨씬 더 많은 유산을 받은 뒤 곧 탕진한 다음 또 다시 같은 방법으로 이익을 얻으려고 했던 그의 형제 페르세스를 훈계하고 질책하기 위해 직접 쓴 자전적 책이다. 이 책에서 그는 정의는 궁극에 승리하고 부정에는 반드시 그 대가가 돌아온다는 이치를 판도라 상자를 비롯한 신화 몇 가지와 동물 우화를 인용해서 이야기한다.

고귀한 당신의
영혼을 위해

타인에게 상처를 주는 일을 삼가온 사람들은 차분한 만족감과 내면의 평화라는 보상을 받는다. 악행으로 자신의 영혼에 상처를 가하는 사람과 달리 기본적인 본능을 뛰어넘어 고결한 삶을 살아온 사람은 자신이 만든 특별한 규율과 자제심에서 발생한 심오한 만족감을 느낄 수 있다. 복수심이나 원한 같은 감정과 관계를 끊고 더욱 고귀한 영혼의 수준에 도달한 자신을 발견하게 된다. 자신의 에너지를 음모나 계략이 아닌 보다 건설적인 행동에 쏟아온 사람은 차분한 평화와 행복을 맛본다. 이들의 삶은 당연히 더 풍요롭고 충만하다. 인간으로서의 품격을 떨어뜨릴 수 있는 행동에 빠져들거나 존엄과 가치를 훼손시킬 기회를 스스로 거부했기 때문이다.

고대 그리스인들이 극단적인 평화주의자들이 아니었다는 사실에 주목할 필요가 있다. 악행과 같은 문제에서 헤시오도스는 '뺨을 맞거든 다른 쪽 뺨도 내밀어라'와 같은 제안을 하지 않았다. 즉 적의 사악한 의도에 맞서 자기 방어까지 억누르라는 제안은 하지 않았다는 말이다. 헤시오도스가 전하고자 했던 진정한 메시지는 다음과 같이 요약할 수 있다. '인간은 악행으로 자신의 영혼을 더럽혀서는 안 된다. 동시에 고결한 인간이 되는 기쁨을 만끽하기 위해 자신의 힘으로 할 수 있는 모든 일을 해야 한다.'

헬시온
도스
기원전
7세기경

뮤즈의 부름을 받아
시인이 된 사람

헤시오도스는 호메로스와 같이 고대 그리스를 대표하는 시인이지만 오늘날까지 최고의 서사 시인으로 추앙받으며 유명세를 떨치고 있는 호메로스와 달리 대중적으로 그리 알려져 있지는 않다. 그러나 그 역시 호메로스 못지않은 훌륭한 서사 시인으로 특히 신화를 다루는 면에서는 호메로스보다 높은 평가를 받기도 하며 후대에 끼친 영향력은 거의 비슷하다고 본다. 유명세는 덜하지만 그의 생애는 전설 속 인물로 취급받기도 하는 호메로스와 달리 비교적 상세하게 알려졌다. 그의 자전적 작품 《노동과 나날》에 본인이 직접 썼기 때문이다.

소아시아의 항구도시에서 무역업을 하던 헤시오도스의 아버지는 그리스 보이오티아 지방에 정착하여 농업에 종사하며 헤시오도스를 낳았다. 그에게 페르세스라는 형제가 있었는데 아버지가 죽은 뒤 유산을 모두 탕진하는 등 망나니짓을 하곤 했다. 바로 이런 형제에게 그는 뼈아픈 충고를 남겼고 그것이 앞서 말한 《노동과 나날》이다.

헬리콘 산에서 양치기를 하던 헤시오도스는 뮤즈의 부름을 받아 시를 쓰기 시작했다. 호메로스를 비롯한 헤시오도스 이전의 작가들은 주로 신화를 다뤘지만 헤시오도스의 작품은 순수한 인간의 세계를 무대로 설정했다. 헤시오도스는 인간 문학의 선구자였으며 동시에 교훈시와 자연을 찬양한 자연문학을 최초로 쓴 이였다. 청교도적이고 매우 윤리적인데다 여성을 좋아하지 않았던 헤시오도스는 아이러니하게도 여행 중 로크리의 오에뇌에서 만난 여성을 유혹했다가 비난을 받는다. 그리고 희롱의 대가로 그 여자의 형제들에게 살해당해 바다에 버려지고 만다.

신들의 계보를 만들다

헤시오도스는 《신통기》라는 작품에서 복잡하게 꼬여 있고 엉클어진 그리스의 신화군을 조직화한 뒤 신들의 계보, 즉 족보를 만들었다. 독특한 것은 호메로스가 신들을 불멸하며 큰 힘을 지녔을 뿐 인간들과 똑같이 질투하고 변덕이

심하며 실수를 하는 것으로 그린 것에 비해 헤시오도스는 신들을 매우 종교적이고 윤리적으로 그렸다는 것이다. 이를테면 제우스는 질투와 사랑을 일삼는 신이 아니라 우주 질서의 상징이자 정의로운 최고의 신이었다. 그의 문학작품엔 그의 인생관이 들어있다. '만약 진심으로 부자를 기원한다면 일을 쌓아두고, 더 많은 일을 하라.' '남에게 악을 행하는 것은 곧 자신에게 악을 행하는 것이다.' 라는 것들 말이다.

헤시오도스는 인생을 살면서 겪었던 권력자들의 횡포와 부당한 고통을 당하는 약자의 억울함을 늘 한탄하고 이를 문학작품 속에 녹여냈다. 그러나 이는 체념적인 회의주의가 아니었다. 그의 작품 속에는 정의의 거룩함과 불멸성, 구원력에 대한 확신이 담겨 있으며 결국에는 정의가 불의를 이긴다는 그의 신념이 드러나 있다.

말

에피쿠로스

"쾌락은 몸속의
고통과 마음속의
혼란이 없다는 뜻이다."

뉴욕에 사는 마리아는 자신이 원하는 것에 진심으로 만족해본 적이 한 번도 없다. 그래서 더 자극적인 쾌감을 주는 장소와 사람, 물건을 찾아다녔지만 집에 돌아오면 늘 마음 한구석이 텅 빈 것처럼 공허해졌을 뿐이다.

"주말 저녁이면 시내에서 가장 잘나가는 멋진 식당을 찾아가서 식사를 했죠. 식사가 끝나면 여러 클럽을 돌아다니면서 저한테 조금이라도 관심을 보이는 남자와 어울렸어요. 평일에는 더 바빴죠. 직장을 끝마치고 저 두 가지 일을 병행해야 했거든요. 요즘엔 직장에 지각하거나 아예 안 나가는 일도 생겼어요. 밤새 클럽을 다니고 이 남자 저 남자들과 어울리다 보니 어딘지 모르는 곳에서 눈을 뜨는 일도 생겼거든요. 이 모든 것이 즐겁지 않지만 그만둘 용기도 없어요. 생활은 엉망진창이 됐는데 다르게 사는 방법을 모르겠어요."

최근 마리아는 온갖 걱정들로 잠을 이루지 못하는 나날이 늘고 있다고 했다. 의미 없고 무질서한 자신의 삶, 얕고 일시적인 쾌락에만 몰두하는 자신이 고민이었다. 그럼에도 생활을 어지럽히는 온갖 사소한 일들을 차마 버리지 못했고 지나친 오락과 과도한 스케줄로 생활은 계속 복잡해졌다.

다이앤은 목적의식을 가지고 삶의 우선순위를 분명히 하며 살아가는 사람이다. 많은 사람이 삶을 좌우하는 일시적 유행과 경향성에 빠져 있을 때 그녀는 항상 객관적으로 판단하려고 노력했고 그 덕에 한 번도 그런 것들에 빠져든 적이 없었다. 소박함과 균형이야말로 그녀의 삶을 지배하는 원칙이다. 고급 식당과 클럽에 가본 적은 있지만 그런 곳에 돈을 낭비하기보다는 가족과 몇몇 가까운 친구들과 어울리는 쪽이 더 좋다고 생각한다. 3년간 사귀고 있는 남자친구 네이트와도 견고한 관계를 유지하고 있는데 두 사람은 시와 연극을 포함해 공통의 관심사가 많다. 초등학교 교사인 다이앤은 어린 아이들의 잠재력을 펼치는 자신의 일에서 커다란 만족감을 느낀다.

"저는 시간을 내서라도 주기적으로 제 삶의 다양한 면모를 평가해봅니다. 완벽하게 살 수는 없지만 제 삶을 스스로 평가함으로써 제가 잘못된 쾌락에 빠져 있지 않은지 객관적인 판단을 하려고 노력하죠. 저는 이게 삶에서 가장 중요하고 가치 있는 일 중 하나라고 생각합니다."

마리아와 다이앤의 이야기는 진정한 쾌락을 추구했던 그리스 철학자 에피쿠로스가 말한 인생 계명 "쾌락은 몸속의 고통과 마음속의 혼란이 없다는 뜻이다."를 뚜렷하게 보여주는 예다.

얇고 일시적인 쾌락은 피하라.
삶을 소박하게 꾸려라.
마음의 평화를 가져오는 차분한 기쁨을 추구하라.
진정한 쾌락은 지혜와 절제가 필요하다.

모든 인간은 다양한 형태와 모양을 지닌 쾌락을 좇기 마련
이다. 쾌락은 삶의 주요한 가치가 아니던가. 그러나 모든
쾌락이 다 같지는 않다. 어떤 쾌락은 육체적 욕망을 채우
는 데서 얻어진다. 이런 쾌락은 강하지만 얇고 일시적이며
쾌락을 유발한 행동이 끝나면 곧바로 사라진다. 사라지고
나면 종종 공허감과 심리적 고통, 괴로움 등을 동반한다.
또 다른 쾌락은 정신적인 욕구를 충족시키는 데서 얻는 쾌
락이다. 이 쾌락은 깊고 지속적이며 쾌락을 유발한 행동이
끝난 뒤에도 유지된다. 이 정신적인 쾌락이 행복하고 바
른 삶을 보장해주는 쾌락이라는 게 에피쿠로스학파의 주
요 주장이었다. 사실 이들의 철학은 오랜 세월 악의적으로
오해를 받아왔다. '쾌락은 행복한 인생의 시작이요. 끝이
다.'라는 말로 대표되는 에피쿠로스의 철학은 특히 현대에
이르러서는 거친 향락주의와 혼동되었다.

　기원전 341년경 태어난 에피쿠로스는 마흔 살 정도 되
었을 때 아테네에 정원 학원을 세우고 최초로 부녀자나 노

예 신분에게도 출입을 허가했다. 이들은 학교라기보다 공동체에 가까운 생활을 했다. 학원은 제자들이 각자 형편에 맞게 낸 기부금으로 운영되었고 다른 학파에 비해 규모는 작지만 제자들은 매우 헌신적으로 에피쿠로스를 추종했다. 그들의 공동체는 비공개에 가까워 당시 외부에서는 그들을 문란한 짓을 하는 곳이라고 깎아내리고 오해하곤 했다. 그들은 2천 년이 넘게 오해를 받은 셈이다.

에피쿠로스는 고통을 줄이고 가능한 한 쾌락을 많이 얻는 것이 선(善)이고 그것이 바로 행복이라 주장했다. 이렇게 보면 그는 마치 극단적인 쾌락주의자처럼 보이지만 그는 이 쾌락을 지속하려면 절제가 반드시 필요하다고 했다. 과도함은 고통을 불러오기 때문이다. 다시 말해서 이런 조절이 이루어져야 비로소 '몸과 마음이 평온한 상태'인 '아타락시아'에 이르며 이것이 최고의 선이다. 또 필수적 욕망을 채우고, 말초적이고 감각적인 것이 아니라 정신적이고 지속적인 쾌락을 추구하는 것. 금욕과 절제로 불필요한 욕망과 고통을 막는 것. 그것이 바로 에피쿠로스가 말한 행복이다.

앞서 말한 마리아를 보라. 그녀처럼 육체적인 쾌락에 잘못 접어든 사람들은 결국 단조로운 반복에 빠지기 시작한다. 지속적인 만족감을 위해 계속해서 새로운 자극과 쾌락을 충족시켜야 한다. 사치스러운 외식, 밤새 이어지는 여흥, 의미 없는 성희 등 일시적인 쾌락은 계속되는 동안에는 만족감을 주지만 일단 완료되면 곧바로 기쁨이 중단되고 심지어 장기적인 고통과 괴로움을 낳는다.

 에피쿠로스학파는 과도하고 부자연스러운 욕망의 충족이 계속되면 부정적인 결과를 낳을 수 있다고 경고했다. 합리적인 한도를 벗어나 음식을 소비하는 폭식가는 불편과 병을 경험하게 된다. 무모한 성적 활동에 탐닉하는 성 중독자는 성병과 원하지 않는 임신 등의 위험을 감수해야 한다. 모든 것을 원하는 탐욕스러운 사업가는 결국 모든 것을 잃게 될 것이며 국민을 위해 임무에 힘쓰는 게 아니라 지위를 이용해 자신의 배만 불리는 타락한 정부 관료도 역시 종국에는 모든 것을 잃게 될 것이다.

진정한 쾌락에는 한계와 제한이 필요하다. 그렇지 않으면 자연스러운 쾌락조차 고통과 괴로움, 슬픔의 원인이 될 수 있다. 합리적인 수준의 신체적, 심리적 요구를 만족하게 하려면 당연히 쾌락을 가져다주는 행동이 필요하지만 그 과정에는 반드시 억제와 결과에 대한 고려가 수반되어야 한다.

육체적 쾌락에서 벗어나 정신적 쾌락으로 나아가려면 한 번의 시도로 해결되는 게 아니다. 에피쿠로스학파가 명명한 '아타락시아'에 이르기 위해서는 매일의 훈련이 필요하다. 아타락시아는 앞서 말했듯 마음의 평화이자 성취할 수 있는 최고의 쾌락으로 오늘날 스트레스라고 부르는 내면의 혼란을 미리 막을 수 있는 정신적 평형상태를 말한다. 복잡한 삶을 고민하며 불면의 밤을 보내본 적이 있는 사람이라면 아타락시아 같은 정신적·정서적 평온상태가 얼마나 중요한지 알 것이다.

욕망의 목록을
만들어라

일단 에피쿠로스가 욕망을 필수적 욕망, 필수적이지 않은 욕망, 공허한 욕망으로 나눈 것처럼 현재 자신의 삶의 우선순위와 애착, 가치관, 삶을 복잡하게 만들지 않기 위한 활동 등을 목록으로 만들어 구분해보라. 필수적 욕망은 우리가 살아가는 데 꼭 필요한 음식, 의복, 집, 우정 등 기본적인 욕구다. 필수적이지 않은 욕망은 맛있는 음식, 좋은 옷, 쾌적한 집 등에 대한 욕망이다. 마지막으로 공허한 욕망은 명성이나 인기 같은 것들에 대한 욕심이다. 필수적이지 않은 욕망, 공허한 욕망을 채우기 위해서는 많은 노력이 필요하지만 채워질수록 이전보다 자극은 덜하고 기대 수준은 점점 더 높아진다. 결국 남는 것은 기대 수준과 현실의 괴리가 가져다주는 고통이다. 그러니 우리가 추구하고 실행으로 옮겨야 할 것은 필수적인 욕망뿐이다.

장시간 근로와 압박을 요구하는 고난도 직업에 종사하는 사람은 일상적으로 찾아오는 정서적·심리적 근심이 경제적인 보상과 맞바꿀 가치가 있는지부터 자신에게 물어보

라. 삶의 진정한 질에 관심이 있는 사람은 반드시 다음과 같은 질문을 던져봐야 한다.

"이 일은 정말로 가치가 있는 일인가? 스트레스가 가득한 다람쥐 쳇바퀴 돌리기보다 더 중요한 일에 내 삶에 있지 않을까?"

이런 질문을 던지고 충분한 생각을 거쳐야만 아타락시아를 얻는 과정을 시작할 수 있다. 일단 아타락시아를 성취했을 때 삶이 안겨주는 영적인 혜택은 부와 지위가 안겨주는 걱정을 크게 상쇄시키고도 남는다. 현대 의학계가 경고하듯 스트레스는 고혈압과 뇌졸중, 심장병의 직접적인 원인이 될 수 있을 정도로 건강에 치명적이지 않은가.

현대의 의학 기술 중에는 바이오 피드백(생체자기제어)이란 것이 있다. 바이오 피드백은 자신이 평소에는 느끼지 못하는 생리 과정을 컴퓨터를 통해 시각적·청각적으로 보여줌으로써 스스로 훈련을 통해 원하는 상태로 생체 현상을 통제하고 조절할 수 있게 도와주는 것이다. 아타락시아를 훈련하는 것 또한 어떻게 보면 감정적인 바이오 피드백에 해당한다고 할 수 있다. 훈련을 통해 고통을 상쇄시

키고 쾌락을 극대화하여 행복에 이르는 것은 그 어느 때보
다 오늘날 더 의미 있는 삶의 전략이 될 수 있다.

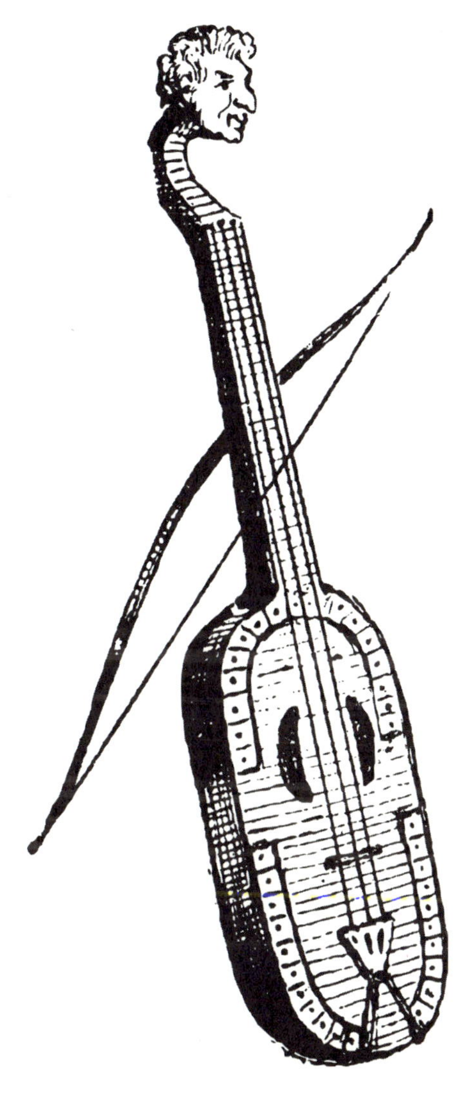

에피
쿠로스
기원전
341
~
기원전
271

나의 스승은
바로 나 자신

기원전 341년, 아테네가 지배하던 소아시아의 사모스 섬
에서 가난한 이주민의 아들로 태어난 에피쿠로스는 일찍
이 철학에 관심이 많아 열네 살 무렵부터 철학 공부를 시
작했다. 아무래도 교사였던 그의 아버지의 영향이라고 학
자들은 추측한다. 열여덟 살이 되던 해, 에피쿠로스는 군
대에 입대하면서 교육의 도시 아테네 머무를 기회를 얻었
다. 당시 아테네에는 오늘날의 대학 초석인 플라톤의 아카
데미아, 아리스토텔레스의 리케이온 등 최고의 교육기관
이 있었지만 에피쿠로스는 그 어느 곳에도 입학하지 않고
독학으로 공부를 했다. 후에 에피쿠로스는 '자신의 스승은
바로 자기 자신'이라 주장하고 다녔다고 한다. 정확한 시
기는 알 수 없으나 알렉산더 대왕의 사후, 가족과 함께 아
테네를 떠나 콜로폰으로 이주한 그는 데모크리토스의 제
자인 나우시파네스 아래에서 본격적인 공부를 시작한다.
그의 생애는 전기 전문작가였던 디오게네스에 의해 알려
졌다.

기원전 311년, 친구와 학생들을 데리고 아테네로 이주한 에피쿠로스는 몇 년 뒤 작은 정원을 사들여 학원을 창설한다. 바로 이곳에서 에피쿠로스학파가 시작되었는데 이 정원 학원은 여자와 노예에게도 열린 공간이었다. 또한 에피쿠로스는 제자들과 각자 형편에 맞는 기부금을 내며 함께 우정에 넘치는 공동생활을 영위하였기에 학파의 일원들은 규모는 작지만 매우 헌신적으로 그를 추종하였다. 당시 에피쿠로스의 자연과 물리에 대한 연구는 오늘날 중요한 과학적 개념들의 뿌리가 되었고 윤리의 기초가 되었으며 그의 철학은 존 로크, 쇼펜하우어, 니체 등 다양한 분야의 사람들에게 커다란 영향을 끼쳤다.

고통을 줄이고 가능한 한 쾌락을 많이 얻는 것이 선하고 좋은 삶이라는 에피쿠로스의 주장을 보면 그가 마치 극단적인 쾌락주의자처럼 보이지만, '빵과 물이면 신도 부럽지 않다.'는 말에서 알 수 있듯이 사실 그는 금욕주의자에 가까웠다. 에피쿠로스는 욕망을 필수적 욕망, 필수적이지 않

은 욕망, 공허한 욕망으로 나누었는데 이 중에서 필수적이
지 않은 욕망, 공허한 욕망을 채우기 위해서는 많은 노력
이 필요하지만 채워질수록 기대 수준이 점점 더 높아서 결
국 고통만을 주기에 우리가 추구해야 할 것은 필수적인 욕
망뿐이라 했다. 에피쿠로스는 필수적 욕망에 철학도 넣었
다. 철학을 함으로써 불필요한 욕망을 없애고 소박하게 산
다면 어떤 욕망에도 흔들리지 않으며 고통도 없고 더 이
상의 쾌락도 필요 없는 상태, '완벽한 마음의 평화 상태'인
아타락시아에 이를 수 있다고 주장하였다.

말 7

이솝

"친절을 베푸는
행위에는 결코
낭비라는 게 없다."

플로리다에서 꽤 큰 술집을 운영하고 있는 데이비드는 늘 손님과 주위 사람들에게 친절하다. 처음에는 동네 주점에 불과했던 그의 가게는 친절한 그의 성격 덕에 많은 사람이 찾기 시작하면서 기다란 바를 갖춘, 플로리다에서 꽤 크고 유명한 술집이 되었다. 데이비드는 친절과 배려가 몸에 배어 있는 사람이었다. 함께 술집을 운영하는 동생 롭은 데이비드에 대해 이렇게 말한다.

"어린 시절부터 저희에게 다정했어요. 부모님은 가게 일 때문에 바쁘셨기 때문에 형이 학교가 끝나면 저희를 돌봤죠. 저 말고 동생이 둘이나 더 있습니다. 형은 숙제부터 고민까지 늘 챙겨주고 조언을 해줬어요. 나이 차이도 얼마나지 않는데 말입니다. 학창시절 우리 집을 수리하거나 부모님 가게가 바쁠 때면 거의 동네에 있는 또래 아이들이 다 왔었어요. 형은 늘 친구들과 숙제를 함께하고 못하는 친구들은 도와주기도 했거든요. 그뿐만 아니라 친구들에게 점심값이나 물건을 선뜻 빌려줬기 때문에 형은 늘 인기가 좋았죠. 다들 친하게 지내고 싶어 했습니다. 동네나 학교에서 싸움이 나도 다들 우리 집으로 달려왔어요. 형은 싸운 친구들 사이를 정말 잘 풀어줬거든요. 형은 저의 또 다른 부모님이나 다름없습니다. 평생 가장 존경해야 할 사람이기도 하구요."

데이비드는 사람들에게 친절을 베푸는 게 그저 좋았을 뿐이라고 쑥스러워했다. 오히려 타인에게 친절을 베푸는 과정에서 자신의 모난 성격이 온화하고 유쾌하게 바뀌었으니 지금까지 자신이 만나 온 사람들이 선생님이나 다름없다고 덧붙였다.

데이비드 주위엔 지금도 늘 사람이 북적인다. 손님뿐만이 아니라 그의 품성을 좋아하는 사람들이 그를 돕기 위해 주변으로 몰려든다. 데이비드는 아마도 죽을 때까지 정서적이고 영적인 지평을 넓혀 갈 수 있을 것이다.

　데이비드의 이야기는 내가 베푼 친절은 자신에게 돌아온다고 한 그리스의 이야기꾼 이솝이 말하는 인생 계명 "친절을 베푸는 행위에는 결코 낭비라는 게 없다." 를 보여주는 예다.

타인에게 친절을 베푸는 행위는 삶에
지속적으로 좋은 영향을 끼치는 습관이다.
시간이 흐를수록 친절은 사람을 끌어모으며
온화하고도 위대한 성격을 선물한다.

타인에게 친절을 베푸는 행위는 삶에

내세가 아니라
바로 오늘을 위해

세계적인 종교 중 상당수가 타인에게 친절을 베푸는 것을
의무로 삼는다. 또한 이와 같은 행동은 종종 미래의 구원,
즉 천국으로 가는 입장권을 얻기 위한 투자로 설명되기도
한다. 그러나 고대 그리스인들의 생각은 달랐다. 그들은
친절 역시 이성의 렌즈를 통해서 바라보았고 친절이라는
행위가 혜택을 받는 사람뿐만 아니라 베푼 사람에게도 긍
정적인 영향을 끼친다는 사실을 강조했다. 다시 말해 죽음
후 내세에 갔을 때 맞이할 영혼의 구원을 위해서가 아니라
현생에서의 영혼의 구원을 위해 친절을 베풀어 달라고 당
부했다. 친절은 친절을 베푼 사람에게 보답을 가져다준다.
이는 그물에 갇힌 커다란 사자를 구해준 작은 생쥐의 우화
에서 이솝이 전하고자 했던 메시지이기도 하다.
  이솝은 기원전 6세기 그리스 프리지아 사람으로, 그리스
이름은 아이소포스이다. 14세기 플라누데스가 쓴 이솝의
전기에 의하면 이솝은 매우 못생긴 노예였지만 특유의 말
재주와 영특한 머리로 주인의 눈에 들어 집사로 지내다가

교훈을 담은 재미있는 우화로 큰 명성을 얻어 자유민이 되었다고 전해진다. 수천 년이 흐르는 동안에도 이솝의 조언은 세월의 시험을 견뎌왔는데 이는 우화에 담긴 이야기들이 모두 인간에 대한 견해이자 평가이기에 오늘날까지도 똑같은 의미와 타당성을 지니고 있기 때문이다.

 고대 그리스인들은 흔히 묘사되는 것처럼 그렇게 '이상주의자' 들은 아니었다. 위대한 철학자와 시인도 매우 실용적인 가르침을 전달했다. 친절을 베푸는 행위를 본질적인 목적이나 개인의 의무로 여기는 생각 역시 단순히 도덕적인 면만 고려한 것은 아니었다. 선행이나 친절을 실용적인 관점으로도 생각했으며 이때 이들의 실용감각은 어리석지도 분별력이 모자라지도 않았다. 이솝이 생각한 친절은 이익을 바라고 의식적으로 투자하는 행위처럼 계산적인 것이 아니었다. 그보다는 선행을 베푼 사람에게 인과응보로써 보답이 돌아오는 경향이 있다는 생각이었다. 우화 속의 사자가 그물에 갇혀 무기력하게 으르렁거리고만 있을 때 그물을 갉아 사자를 구해준 것은 얼마 전 사자가 살려준 적이 있는 작은 생쥐였지 않은가. 이는 누구도 예측할 수 없는 환경 속에서 서로 자발적으로 주고받은 선행이었다.

그대, 그리고
나

태만과 이기심이 팽배한 현대사회에서 친절을 베푸는 행위는 결코 낭비가 아니라는 이솝의 생각은 인간관계에 대한 두 가지 강력한 메시지를 전해준다. 첫째, 인간은 사회적인 동물이기에 자신의 삶을 충족시키기 위해서는 반드시 '다른 사람'이 필요하다. 자신의 대의명분을 좇기 위해 너무도 많은 시간과 에너지를 쏟아 부어 정작 남에게는 관심을 둘 기회조차 없는 오늘날에는 특히 잊기 쉬운 생각이다. 현대사회에서 목격할 수 있는 신경증의 일부, 예를 들면 정신착란·물질남용·우울증 등은 당연하게도 의미 있는 사회적 관계의 부재와 연관성이 있다. 이솝에게 인간의 선행은 사회적 유대관계의 구축을 촉진하는 특징이다. 친절을 베푸는 행위가 없으면 장벽이 존재하고 그만큼 사람들끼리 서로 신뢰하거나 헌신하지 않는다. 그러나 누군가 기회를 포착해 타인에게 진심 어린 친절을 베푼다면, 물론 무언가를 바라서가 아니라 진정 무상으로 베푼다면 더 나은 사회로 나아가는 데 결정적 동인이 된다. 진정한 관계, '그대 그리고 나'의 관계를 만들기 위한 길이 뚜렷하게 드러난다. 이런 관계야말로 삶에서 가장 중요한 관계다.

둘째, 친절은 베푼 사람에게 긍정적인 영향을 끼친다. 다른 사람에게 관대함을 베풂으로써 인간적으로 발전할 기회를 갖는 것이다. 다른 사람을 도울 때 우리는 정서적으로나 영적인 지평을 넓힐 수 있다. 인간적인 성장이 가능하고 자신과 타인과의 애착에 관한 새로운 이해를 습득할 수 있다. 무엇보다 자신 외의 인간에게 친절을 베풀 때 심오한 만족감을 느낄 수 있다. 관대함을 베풀면서 '이 일이 내게 어떤 이익을 가져다줄까?'라고 생각하지 않는 사람은 영혼을 고양하고 고결하게 하는 내면의 만족감을 느낄 수 있다. 이런 사람은 더욱 완전한 인성을 갖추고 자신을 긍정적으로 바라보게 된다.

친절한 행동은 고립과 불신의 벽을 허문다. 그리고 진정한 관계를 위한 기회를 창출한다. 개인적인 발달의 관점으

로 봐도 타인을 향해 관대함을 베푼 사람은 더 높은 수준
의 영적 충만감과 만족감을 얻을 수 있기에 자기 실현이라
는 기회가 온다.

　이솝의 이야기에서 사자가 생쥐에게 보답을 받았듯 '베
풀면 돌아오기 마련이다'라는 생각을 갖고 그것을 실현하
라. 내면의 만족감을 느끼며 자신을 긍정적으로 바라볼 수
있는 기회와 더 나아가 온정을 베푼 사람이 비슷한 친절을
보답 받을 수 있는 사회가 될 것임이 분명하다.

이솝

기원전
620
~
기원전
560

흉측한 외모의 말더듬이 노예,
극심한 콤플렉스를 딛고 일어서다

우리에겐 〈토끼와 거북이〉〈개미와 베짱이〉와 같은 우화로 유명한 이솝은 사실 기원전 6세기경 그리스에 살았던 인물로 본명은 아이소포스이다. 아이소포스의 생애에 대해서는 잘 알려진 바도 없고, 그의 우화 역시 구전으로 전해지던 이야기를 바탕으로 썼을 가능성이 높으며, 심지어 실존 인물이 아니라고 주장하는 학자들도 있다. 그러나 헤로도토스·소크라테스·플라톤·아리스토텔레스에 의해 기록된 것으로 보아 실존 인물임은 확실시되고 있다.

 앞서 설명했듯 아이소포스의 생애에 관한 당대의 기록은 알려진 것이 없지만, 14세기 비잔틴 수도승인 플라누네스의 책과 후대 학자들의 연구를 종합해보면 그는 기원전 6세기경 그리스의 프리지아에서 태어났다. 처음에는 노예 신분이 아니었지만 너무 못생긴 외모 때문에 할 수 있는 일이 없어 결국 노예가 되었다고도 전해진다. 플라누네스는 그의 책에서 이솝을 올챙이배, 꼽추, 집채만 한 머리, 납작한 코, 안짱다리, 짧은 팔, 사팔뜨기, 말더듬이라고 묘사

했다. 사모스 섬의 노예로 팔려간 아이소포스는 못생긴 외모와 달리 영특한 머리와 말재주로 주인의 눈에 들어 집사 겸 비서로 활동하게 된다. 이때 아이소포스는 위기에 빠진 주인을 동물에 빗댄 우화로 여러 번 위기에서 벗어나게 돕는데 바로 이 우화가 아이소포스를 유명한 사람으로 만들었다.

이솝 우화는
사회를 개혁하기 위한 것

이솝 우화를 흔히 어린이들을 위한 교훈적 내용의 동물 이야기라고 생각하지만 아이소포스가 우화를 만든 이유는 그리스 당시 사회 상황을 비판하기 위해서였다. 불합리한 노예제도 사회를 살아가는 노예의 모습을 동물에 빗댄 우화를 들려주면서 그는 유명세를 타기 시작했다. 당시 그의 이야기는 매우 잔인하고 무서웠으며 냉소적이었다고 한다. 곧 그의 지혜에 관심을 보이는 귀족들도 늘어났는데 이때 이솝이 사모스인들을 전쟁의 위기로부터 구해서 자유민이 되었다고도 전해진다. 자유민이 된 아이소포스는 사모스를 떠나 근동 지방, 리디아 둥지를 여행했고 크로이소스 왕과 궁에 머물며 솔론을 비롯한 그리스의 7현자들과 이야기를 나누었다. 그러나 그를 크로이소스 왕에게로 안내해주었던 우화는 다시 그를 죽음으로 안내한다. 아테네에서 혼탁한 사회상을 빗댄 '임금을 원한 개구리 이야기'라는 우화를 이야기했다가 페이시스트라토스의 분노를 사는 바람에 델포이인들의 손에 살해된 것이다.

　현재의 이솝 우화는 아이소포스가 만든 우화들과 인도, 아랍지역의 전설, 설화들이 뒤섞여 있다는 것이 정설이다. 누가 쓴 것이든 이솝 우화에 들어있는 교훈들은 시대와 공간과는 관계없이 사회와 정치, 인간문제에 대한 실제적인 교훈이 들어있다. 정치적 각성, 탐욕, 오만함, 어리석음, 덕을 베풀면 보상을 받는다는 등의 우리 삶의 고질적인 문제들에 대한 진리들 말이다.

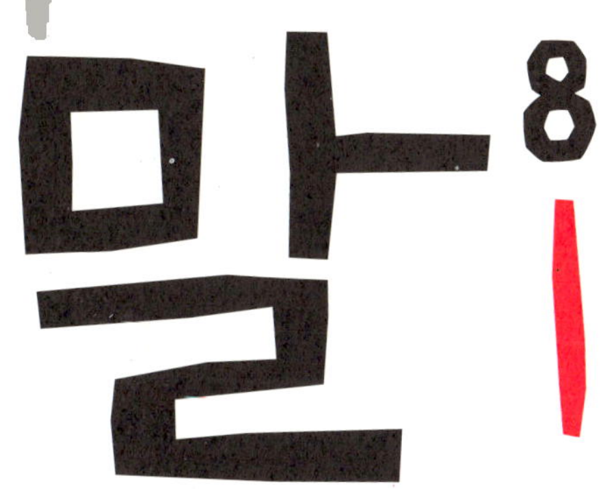

마르쿠스 아우렐리우스

"충동을 억제하라.
당신의 이성이 당신을
지배하게 하라."

미시간주 디트로이트에서 작은 자동차 센터를 운영하는 존은 성공한 자동차 수리공이었다. 자기 분야의 달인으로 자동차 엔진에 대해서라면 마법에 가까운 기술을 선보일 수 있었고 아무리 까다로운 문제도 금방 밝혀내 해결했다. 먼 곳에서 사람들이 찾아오기도 할 정도로 그의 명성은 자자했다. 또한 그는 가정적인 남자였다. 스무 살에 결혼한 부인과 세 자녀를 낳은 후 일을 하지 않을 땐 가정생활에 몰두했다. 아이들의 교육에 늘 신경을 썼고 함께 매년 여행을 가는 것도 걸러 본적이 없었다. 아이들이 커가는 모습을 아내와 함께 지켜보는 것이 그의 가장 큰 행복이었다. 그는 자기만의 신념도 있는 사람이었기에 시민으

로서 선거에 투표권을 행사하고 한 번도 빠뜨린 적이 없었
다. 이처럼 거의 완벽한 그에게도 단 한 가지 해결하지 못
한 문제가 있었으니, 바로 자기 자신이었다. 존은 내면의
욕망을 다스리지 못했고 그 결과 사망에 이르렀다. 존의
아내 캐리는 십여 년이 지난 지금까지 여전히 그를 그리워
하고 있다.

"그이는 골초였죠. 하루에 담배를 세 갑씩 피우곤 했어
요. 술도 많이 마셨어요. 일하고 돌아와 아이들과 학교 이
야기를 나누고는 아이들이 잠들면 밤늦은 시간까지 술을
마셨죠. 가끔 친구들과 외출을 나갈 때면 더 술을 많이 마
셨어요. 한겨울에 길에서 잠이 들어 큰일 날뻔한 적도 있
으니까요. 질 나쁜 음식도 정말 좋아했어요. 일하면서 끊
임없이 피자, 닭튀김, 도넛, 탄산음료, 감자튀김, 아이스크
림을 먹었죠. 제가 간식을 만들어줘도 마찬가지였어요.
제가 제발 고치라고 울면서 말하면 오히려 '담배를 피우
고 술 좀 마셨다고 죽는 사람은 없어. 오히려 의사들이 못
하게 하니까 스트레스를 받고 걱정을 많이 해서 죽는 거
야.'라고 빈정거리곤 했습니다. 다른 면에선 똑똑하고 따

뜻한 사람이었지만 술, 담배, 음식에 관해선 어쩜 그렇게 고집 세고 이기적이었는지 몰라요. 늘 그럴듯한 변명으로 자신의 욕망을 합리화하고 자신을 속였죠. 만약 존이 제 말을 듣고 잘못을 깨달았다면 아직도 제 옆에 아이들과 함께 있을 겁니다."

그러나 때는 이미 너무 늦어버렸다. 존은 40대 후반의 나이에 심장마비로 사망했다.

존의 이야기는 새롭지도 독특하지도 않은 자신을 극복하지 못한 사람의 전형적인 이야기이다. 이는 자신의 이성으로 자신을 지배하라고 주장한 그리스 철학자이자 황제 마르쿠스 아우렐리우스가 말하는 인생 계명 "충동을 억제하라. 당신의 이성이 당신을 지배하게 하라."를 분명하게 보여주는 예다.

외부의 힘이 생각과 행동을 제한한다면
저항하라. 개인적으로 위율하고 긍정적인
것만 믿는 습관도 버려라.
즉기하려면 혹독한 만큼 솔직해야 한다

개인의 자유가 가장 바람직한 상태이자 삶의 큰 축복이라
는 생각은 고대부터 현대까지 한결같이 이어져 내려온 견
고한 사상이다. 오늘날 자유는 그 어느 때보다 정치적인
자유와 연관성이 깊고 개인의 '권리'를 얼마나 행사할 수
있는가의 견지에서 측정된다. 미국이나 유럽연합처럼 개
인의 자유와 권리가 법으로 보장되며 사람들이 스스로 자
기 삶의 주인이라고 생각하는 민주주의 사회에서는 특히
그렇다.

그러나 정치적 제도 아래 자유를 보장받으며 외부의 압
제로부터 보호받는 개인도, 부정적인 심리나 영적 힘으로
부터는 완전한 보호가 불가능할 때가 있다. 민주적인 헌법
과 법률은 시민의 자유를 보장해주고 압제로부터 보호해
주지만 아우렐리우스가 추구했던 '극기'가 함축하고 있는
더욱 포괄적인 범위의 자유까지는 확실하게 보장해주지
못한다.

지그문트 프로이트와 현대 심리학이 도래하기 훨씬 전부

터 고대 그리스인들은 진정한 자유를 획득하려면 이중의
투쟁이 필요하다고 주장했다. 첫째는 생각과 행동을 제한
하는 외부의 힘에 대항하는 외적 투쟁이며, 둘째는 건강한
자기 의지를 '억누르는 심리적 · 영적 힘에 맞서는 내적 투
쟁이다.

 고대의 현자들은 인간에게 진실과 현실을 무시하고 개인
적으로 유용하고 편리한 것을 믿다가 결국 재앙을 맞고 마
는 자기 현혹의 무한능력이 있음을 알고 있었다. 개인투
자자들은 이따금 믿고 싶은 것만을 믿다가 수상쩍은 암거
래 주식을 소유하는 식으로 자기를 기만한다. 그런 주식을
구매하기로 한 건 본인이었으면서도 결국엔 주식거래 중
개인만을 탓한다. 학생들 역시 공부를 하지 않아도 시험
에 합격할 수 있을 거라고 믿으며 자신을 속이지만, 결국
낙제를 하면 그 원인을 교수 탓으로 돌린다. 환자들도 엄
격하고 제한적인 생활방식을 요구하지 않는 소위 '대체요
법'으로 병을 고칠 수 있다고 자신을 속인다.

진실된 아이,
아우렐리우스

극기는 처음부터 갖고 태어나는 천부적인 성질이 아니다. 자기의 감정이나 욕심, 충동을 이성적 의지로 눌러 이기는 극기는 오히려 이성과 비이성간의 전투이자 내면의 전쟁, 매일의 투쟁으로 외부의 적을 상대로 한 싸움보다 훨씬 어렵고 까다롭고 위협적이다.

이 전쟁에서 이기려면 일단 혹독할 만큼 자신에게 솔직해야 한다. 스스로 선택한 가치관과 생활방식, 선택권을 비판적으로 평가할 수 있어야 한다. 자신의 단점에 대해 남을 탓해서도 안 되고, 변명과 핑계로 시간을 낭비해서도 안 된다. 자신을 다시 바로 세우는 과정에서 극기에 성공한 사람들은 스스로에 대한 동정심이나 관대함이 없다. 그들은 계속 나아가며 단점 중에서도 특히 자신의 행복을 훼손하는 나쁜 습관에 대해 엄격하고 솔직하게 평가한다.

로마 귀족 집안에서 태어난 아우렐리우스는 부모가 일찍 세상을 떠난 바람에 할아버지에게 입양되어 당대 최고 학자들에게 교육을 받았다. 그는 학자적 소질도 다분했고 그 자신도 학문에 관심이 많았다. 할아버지의 인척이었던 하드리아누스 황제는 그를 일컬어 베르시무스라 부르며 총애하였는데 이를 해석하면 '진실된 아이' 라는 의미이다. 하드리아누스 황제는 아우렐리우스를 자신의 후계자로 삼았다. 아우렐리우스는 40세에 황제로 즉위하기 전까지 철학에 빠져 살았으나 황제로 즉위하고 맞이한 현실은 암담했다. 아우렐리우스가 황제의 자리에 올랐을 무렵 로마는 경제적, 군사적으로 어려운 시기였기에 전장에서 남은 생애 대부분을 보내야 했던 것이다. 하지만 아우렐리우스는 전장에서도 학문과 철학을 게을리하지 않으며 《명상록》 12권을 집필해냈는데, 그의 책은 다음과 같은 서문으로 시작된다.

'나는 조부 베루스로부터 온화함과 함께 분노와 열정의 절제를 배웠다. 나를 낳아 주신 아버지의 명성과 당신에 대한 회상에서 부끄러워할 줄 아는 것과 남성적 기질을 배웠다. 어머니에게서는 경건함과 관대함 그리고 나쁜 행위뿐만 아니라 나쁜 생각도 삼가야 함을 배웠으며, 부자들에게 있기 쉬운 무절제를 멀리 떠나 소박한 음식에 만족하는

것을 배웠다.'

 이 서문은 아우렐리우스가 어린 시절부터 황제가 되어 전장에 선 순간까지, 이성과 비이성간의 전투이자 내면의 전쟁을 게을리하지 않고 극기했음을 보여준다.

 극기를 훈련하기 위해서는 가장 기본적으로 우선 자신이 누구인지부터 완전하게 이해해야 한다. 스스로 행하는 모든 일을 하나부터 열까지 다른 방향에서 바라보며, 새롭게 자신의 이미지를 정확하고 분명하게 깨달아야 한다. 또한 비판적이고도 엄격한 자기 성찰을 통해서 얻은 기준과 원칙에 맞는 내면의 길잡이와 자기 결단력을 기르는 것이 필요하다. 극기에 성공한 사람은 허영심이나 자만심 없이 조용히 자기를 믿고 확신한다. 또한 극기에 도달한 사람은 원만한 인성을 가지고 인간 기능의 최고로 평가되는 '자유'를 실천할 수 있다. 가장 높은 수준의 해방은 모든 환상과 허울을 배제한 상태에서 자신을 올바로 이해하는 것이기 때문이다.

아우렐리우스

121
~
180

학자로 태어난 아이,
황제가 되다

아우렐리우스는 121년 4월 로마의 귀족 집안에서 태어났으나 부모가 일찍 세상을 떠난 탓에 할아버지 안토니우스 베루스에게 입양되었다. 그의 할아버지는 3번이나 집정관을 연임한 인물로, 덕분에 아우렐리우스는 어린 시절부터 당대 최고의 학자들에게 수사학·철학·법학·미술을 배울 수 있었다. 물론 아우렐리우스도 학자적 소질로 가득 찬 아이였기에 할아버지를 비롯한 여러 사람으로부터 귀염을 받았다. 특히 할아버지의 인척이었던 하드리아누스 황제는 그를 특히 총애하여, 아우렐리우스의 고모부 안토니누스 피우스에게 입양을 명령한 뒤, 아우렐리우스를 후계자로 지명하기에 이른다. 19세의 집정관에 오른 아우렐리우스는 145년, 안토니누스의 딸과의 결혼으로 황제의 지리가 더우 확고해졌으나 황제가 되기 전까지는 학자로서 철학에, 특히 스토아 철학에 심취했다. 그리고 161년, 마르쿠스는 안토니누스의 뒤를 이어 40세의 나이에 로마 황제로 즉위한다.

남을 밀어내면서 위까지 올라가는 짓은
죽어도 못하는 사람

시오노 나나미는 마르쿠스를 일컬어 이렇게 말했다.

'남을 밀어내거나 배제하면서 위까지 올라가는 짓은 죽어도 못하는 사람이 있다. 마르쿠스 아우렐리우스도 그런 사람이다.'

이는 40세에 황제에 자리에 오른 그가 자진해서 동생인 루키우스 베루스와 통치권을 나눠 가졌기 때문이다. 마르쿠스은 평화주의자였고 그가 연구하고 수행한 스토아 철학처럼 극기와 절제가 생활화된 사람이었다. 그는 살아 있는 모든 것의 근저인 신은 다름 아닌 보편적 이성이며, 인간 의식의 모든 것은 죽음 후 이성 속에 해소된다고 했다. 또한 그는 숙명론을 근거로 겸허와 금욕을 주장했다.

그러나 이런 개인적 성향과는 상관없이, 마르쿠스가 황제의 보위에 올랐을 당시 로마제국은 경제적으로나 군사적으로 어려운 시기여서 수많은 날을 전쟁으로 보내야 했다. 페스트의 유행으로 피폐해진 로마를 뒤로 하고, 마르코만니 족, 쿠아디 족을 비롯한 게르만 족과의 전쟁에 시

달리다가 결국 발칸 북방의 시리아와 이집트 진영에서
병을 얻어 진중에서 죽었다. 하지만 그는 전장에서도 결
코 학자로서의 삶을 놓지 않고 계속해서 책을 썼다. 그가
전장에서 쓴 책《명상록》은 그가 죽은 뒤 14세기가 지난
1559년에 출간되었다. 《명상록》은 수많은 인생 지침서의
고전, 철학의 걸작으로 오늘날 현대인에게도 널리 읽히고
있다.

말

9

솔론

"만사에
지나침이
없게 하라"

인디애나주의 작은 마을 고등학교에 다니며 소박한 삶을 살던 마리사는 뉴욕에서 대학을 다니게 되면서 많은 것이 바뀌었다고 말했다. 기껏해야 시내에 있는 작은 쇼핑몰에서 친구들과 윈도쇼핑을 하거나 이야기를 나누는 게 전부였던 고향에서의 삶과 대학이 있는 뉴욕에서의 삶은 많은 면에서 달랐다. 커다란 건물들, 수많은 브랜드, 유명 레스토랑 등이 밀집해 있는 뉴욕에서 자란 그녀의 친구들은 특히나 씀씀이 면에서 많은 차이를 보였다. 명품이나 여가 활동, 이름난 레스토랑에 관해서는 무지했던 마리사는 그들과 어울리면서 때론 수치심까지 느꼈고 점점 집착하게 되었노라고 고백했다.

"대학을 졸업한 후에도 계속 뉴욕에 머물면서 직장생활을 했어요. 일을 하고 돈을 벌면서 다른 사람들을 만나면 괜찮아질 줄 알았죠. 하지만 전혀요. 기숙사에서 나와 혼자 살게 되니 이제 저 자신을 멈추게 할 사람은 아무도 없게 돼 버렸어요. 새로운 사람들을 만나니 겉모습에 더더욱 신경 쓰게 됐죠. 어느 날은 다이어트를 위해 물만 조금 마시고 거의 굶다시피 하다가 또 어느 날은 눈앞에 있는 모든 음식을 먹어치워요. 토할 때까지 먹은 적도 여러 번이죠. 어느 주말은 밤새 클럽이나 바를 전전하며 나가 놀다가 어느 주말은 온종일 소파에 드러누워 아무것도 하지 않고 드라마를 봐요. 가끔은 사용하지도 않을 물건을 홈쇼핑에서 마구 주문하고 명품 가방과 옷에 돈을 흥청망청 쓰는 바람에 거액의 카드빚을 지기도 하죠. 그러다가 어느 날은 커피와 우유, 빵 같은 필수품도 사지 않아요."

마리사는 결국 정신과에 다니며 치료를 받고 있다. 폭식증과 거식증은 치료로 점점 나아지고 있지만 그동안 절제를 모르고 썼던 돈은 고스란히 빚이 되어 그녀의 삶을 위협하고 있다. 마리사의 이야기는 과도한 삶을 사는 사람의 전형적인 모습을 보여준다. 이는 과도함을 삼가고 균형 잡힌 삶을 살라고 했던 그리스 철학자 솔론이 말하는 인생 계명 "만사에 지나침이 없게 하라." 를 나타내는 예다.

친형과 조화의 삶을 살라. 과도함을 삼가라.
극단에 빠지지 않게 하라.
아무리 좋은 일이라도 절제 없이 얻으면
불행과 괴로움의 원천이 될 수 있다.

과도함을 삼가라는 이 신조는 삶이 던져주는 갖가지 수수
께끼의 해결책을 중용과 절제로 보았던 고대 그리스 철학
자들의 저서에서도 그대로 확인된다. 기원전 6세기 '만사
에 지나침이 없게 하라'(meden agan, 델포이 신전 입구에 쓰여
있는 말로 솔론이 했다고 전해진다)라고 말한 솔론의 처방처럼
자칫 과도함으로 흐를 여러 기회를 피하라는 생각은 적절
한 삶을 살기 위한 중요한 요소였다. 그리스인들은 열렬한
과도함이 얼마나 큰 희생을 불러올 수 있는지를 완벽하게
파악하고 있었다. 그들은 합리적인 수단이 한계치를 넘어
설 때 상쇄하는 좌절감부터 완벽한 재앙에 이르기까지 각
종 벌을 받을 수 있음을 정확하게 이해했다. 그런 이유로
생산적인 삶을 살아가기 위해 표준과 균형, 조화, 비례 등
을 중시했다. 조화와 균형을 깨트릴 정도로 과도함이 지나
치면 가치 있는 삶은 요원해진다.

솔론은 몰락한 귀족 집안에서 태어났지만 고대 왕의 자
손이면서 귀족 출신이었고, 상업에 종사하면서 빈자들의

참혹한 삶을 보고 격분하는 모습을 보이는 사람이었기에 입법관의 자리에 오를 수 있었다. 플루타르코스가 솔론에 대해 '귀족들은 솔론이 부자라서 좋았고, 평민들은 그가 인간적이라서 좋았다.'고 쓴 것처럼 이러한 점들은 당시 투표권을 가지고 있는 각 계급의 사람들이 모두 좋아할 만한 요소였기에 입법관의 자리에 오를 수 있었다. 입법관이 된 후 솔론은 개혁가로 이름을 알리게 되었는데 그런 그가 법을 만들 때 가장 중시한 것은 사실 개혁보다는 '중용'이었다. 당시 계급제도와 사회상으로써는 그가 실천한 중용의 덕이 개혁적으로 보였을 것이다. 그는 어디로도 치우치지 않는 정치적·사회적 균형과 조화를 이루는 그리스를 만들기 위해 부자들의 힘과 권리보다는 민중의 힘과 권리를 신장시키고, 민중의 방종과 무모한 요구를 통제하여 귀족들도 만족하게 해주었다. 솔론은 정책뿐만 아니라 삶에서 항상 지나침을 경계했는데 사치도 마찬가지였다. 이에 관해서는 플루타르코스의 《영웅전》에서 화려한 재물을 자랑한 크로이소스 왕과 솔론과의 일화에서 찾아볼 수 있다.

솔론은 리디아의 왕 크로이소스의 초대를 받아 사르디스 (기원전 7세기 번성했던 고대 리디아왕국의 수도) 로 간 적이 있었다. 솔론이 화려한 옷을 입고 수많은 호위병을 거느리며 으스대며 걷는 모든 조신을 왕으로 착각했을 정도로 크로이소스 왕의 궁은 화려했다. 마침내 진짜 왕에게 안내되어 가까이 가자, 솔론에게 호화로운 광경을 보여주려는 듯 크로이소스 왕은 휘황찬란한 옷을 입고 패물과 금으로 치장하고 있어 눈이 부실 지경이었다. 그러나 솔론은 그와 마주 섰을 때 놀라지 않았고 일언반구도 하지 않았다. 오히려 솔론은 그런 속되고 시시한 것들을 경멸했다. 그런 것도 모르고 크로이소스 왕은 솔론에게 왕궁을 안내하며 온갖 화려한 보물들을 구경시켜준 뒤 그에게 자신만큼 행복한 사람이 있겠냐고 묻는다. 솔론은 그의 기대를 저버리고 아테네의 평범한 시민 텔루스와 의좋은 형제 클레오비스와 비톤을 크로이소스보다 행복한 사람이라 말한다. 텔루스와 의좋은 형제는 왕도, 부자도 아닌 그저 평범한 아테네 시민에 불과했다. 솔론은 그들을 예로 들어 권력과 재물과 같은 인간의 번영은 영원하지 않으며 그것이 반드시 행복을 보장해 주지 않는다고 말하려 했던 것이다. 그러나 눈에 보이는 엄청난 재산과 권력으로, 또 그것이 주는 쾌락으로 행복을 측정한 크로이소스에게 솔론의 말은 그저 허황된 충고에 불과했다. 크로이소스 왕은 시간이 흐른 뒤 전쟁에서 패해 사형에 직면해서야 솔론이 말한 것의 의미를 깨닫는다.

왜곡된 가치관이 낳은 왜곡된 삶

균형, 조화, 중용의 원리는 현대사회에서 더욱 다급하게 요구된다. 고대와 달리 우리는 과잉과 낭비의 기회가 널려 있는 시대를 살고 있다. 먹는 것, 입는 것, 가정생활, 운전, 오락 등 온갖 분야에서 불균형이 조장되고 촉진된다. 먹지도 않을 음식을 사거나 입지도 않을 옷을 사거나 거의 몰지도 않을 자동차를 사는 일이 종종 있다.

고대의 삶은 비교적 소박했다. 현대의 기준으로 보면 기술적, 물질적 발달 수준이 원시적이었기 때문에 유혹의 기회가 비교적 적었다. 오늘날과 비교하면 과도하게 살 기회 자체가 더 적었던 것이다. 현대 문화는 유혹의 홍수를 양산할 뿐만 아니라 방종의 극치를 달리도록 유혹하는 수단을 고도로 발달시켜왔다. 특히 상업광고는 더 많은 음식과 더 많은 돈과 더 많은 사치와 권력을 소비해야 한다는, 다시 말해 '최대한도로 살아가야' 한다는 생각을 유행으로 만들어냈다. 더 많이 소비하면 더 행복해지는 시대, 소비가 행복의 척도가 된 시대가 된 것이다.

현대의 문화가 던져주는 메시지는 분명하다.

'한계는 패자의 몫이다!'

바로 이 메시지 때문에 균형과 조화의 삶을 살아가고자 의식적으로 노력하는 사람이 오히려 행복한 삶에서 밀려난 순진한 바보로 보이게 되곤 한다.

여기서 고려해봐야 할 것은 과도함을 조장하는 문화가 우리에게 미치는 유독한 영향력이다. 최근 부유층과 유명인사의 생활을 보여주는 텔레비전 프로그램에서 온통 다이아몬드로 덮인 5만 달러짜리 운동화가 선을 보였다. 그 유명인사는 2, 3만 달러가량 되는 명품 가방을 수십 개나

가지고 있었다. 백만 달러짜리 손목시계와 3천만 달러짜리 플로리다 남부의 저택이 연이어 등장했다.

우리는 이러한 상품들이 나타내는 바가 무엇인지 분명히 알아야 한다. 이것은 단지 절제와 중용을 어기는 것에서 그치지 않는다. 제한과 절제의 필요성을 암시하는 모든 생각에 대한 비속한 모멸이자 비웃음이자 왜곡된 가치관을 반영하는 사회적 병리 현상이다. 안타깝게도 이와 같은 사치품의 소비자는 필시 삶의 어느 시점에 가서는 왜곡된 가치관이 왜곡된 삶을 낳는다는 것을 깨닫게 된다.

아무리 화려해도 불균형한 삶은 진정한 행복을 앗아간다. 멋진 자동차가 있다고 이혼을 막아주지는 않는다. 요트가 있다고 마약중독을 막아주지는 않는다. 할리우드에 저택을 소유하고 있다고 해서 정신과 의사를 찾아갈 필요까지 없어지는 것은 아니다. 소비는 행복이 아니다. 많이 가질수록 더 큰 행복을 가질 수 있는 게 아니라는 뜻이다.

적은 게
좋을 때가 있다

물론 균형과 절제의 삶이 곧 금욕을 의미하지는 않는다. 삶의 방식에서 많은 것을 제한하고, 부정하는 수도사는 그 자체로 중용을 위반하는 것이다. 즉, 고대 그리스인이 말하는 중용은 야생 꿀과 메뚜기만 먹고 사는 삶이 아니라 양극단을 피해 전략적으로 세심하게 일구어 가는 삶이었다. 음식은 생존을 위해 반드시 필요하지만 굶주림과 폭식은 양극단에 있는 일그러진 상태다. 물질적인 부 역시 바람직한 삶의 필수요건이지만, 추악한 부와 비참한 가난 모두 인간의 행복과 거리가 멀다.

이에 과도함을 피하라는 솔론의 메시지는 아무리 좋은 것이라도 무절제하게 추구하거나 얻으면 불행의 원인이 될 수 있다는 생각을 포함하고 있다. 핵심은 적은 게 좋을 때가 있다는 것을 이해하는 것이다. 이는 물론 오늘날처럼 풍요가 만연한 상황에서는 특히 받아들이기 어려운 교훈이다. 그럼에도 '만사에 지나침이 없게 하라' 는 잠언이 함축하고 있는 평형의 자세가 부족하다면, 가치 있는 삶을

위해 반드시 필요한 물질적·정신적·영적 만족감을 경험
하기 어렵다. 즉 균형 잡힌 태도를 유지하는 것은 충만한
삶을 위한 중요한 규칙 중 하나이다.

솔론
기원전
638년경
~
기원전
558년경

귀족출신 상인,
가난한 이들의 동반자이자 개혁가

사실 기원전 6세기경 아테네에 대한 고고학적 자료가 부족하여 솔론에 대해 알려진 바는 매우 적다. 헤로도토스나 플루타르코스 등 고대 작가들이 쓴 글이 대표 기록으로 남아 있는데 이 글도 죽은 뒤 수백 년 뒤에 쓰인 것이라 온전한 기록으로 보기엔 무리가 있다. 고고학자들의 비문 연구와 솔론이 남긴 것으로 알려진 단편, 시, 그리고 후대 학자들의 기록으로 그의 태생과 행적을 유추할 뿐이다.

솔론은 고대 아티가 왕의 자손인 명문 귀족 집안에서 태어났지만 부자는 아니었고, 그의 집안은 교역을 주로 하는 상인 집안이었다. 그가 아테네에서 유명해진 것은 이웃국가인 메가라와 살라미스를 두고 한 전쟁에서 이기도록 아테네인들을 자극한 '시낭송 사건'으로 알려졌다. 기원전 594년 솔론은 아테네의 최고 행정관인 아르콘에 뽑혀 중책을 맡게 된다. 그가 고대 왕의 자손이면서 귀족출신이었고 또한 교역에 종사하면서 가난한 자들의 참상에 격분하는 모습을 보이는 등 모든 유권자가 좋아할 만한 요소를 갖추고 있었기 때문이었다. 아르콘에 임명된 그는 재산 정도에 따른 참정권 배정을 통하여 귀족과 평민 사이의 대립을 조정하는 등 이른바 '솔론의 개혁'을 실시하였다. 솔론의 개혁에는 부채 탕감, 채무 노예의 해방과 금지, 재산에 따른 참정권의 배정, 새로운 법률 제정, 통화 개혁, 도량형 개혁도 포함되었다. 이 개혁은 단기적으로는 실패했으나 아테네 민주정의 기초를 세웠다고 평가받는다.

그리스 7 현인에서 절대로 빠지지 않는 사람

그리스 7현인(七賢人)은 정치적 혼란에 시달린 후세의 그리스 사람들이 일찍이 사회적·정치적 활동과 업적에서 탁월한 사람 7명을 골라 이상적 인물로 뽑은 사람들을 일컫는다. 명부 작성자에 따라 7현인이라고 불리는 사람이 각각 달라 종합해보면 약 20여 명에 달한다. 그런데 솔론은 어느 시대에 어떤 의도로 누가 작성하던 7현인 명단에서 빠지지 않았다. 그의 일화나 명구가 지금까지 전해 내려오는 이유도 바로 그리스인의 정신적 지주로서 존경받아 왔기 때문이다.

솔론의 가장 대표적인 명구는 바로 메덴 아간(Meden agan)인데, 이를 풀이하자면 '만사에 지나침이 없게 하라(Let there be nothing in excess).'는 뜻이다. 솔론은 평상시 중용의 덕을 중히 여겼고 입법자로서도 좌우를 떠나 중립정책을 피력했다. 그것이 현실적으로 어려움을 항상 개탄했음에도 불구하고, 솔론의 끊임없는 노력은 후대에 계승되어 아테네를 그리스 최강의 도시국가로 만들었다.

말 10

"잘못에 대해
스스로
꾸짖어라."

자신에게 향하는 화살을 두려워하는 사람

일리노이주에 사는 멜빈은 자신의 인생을 망친 건 바로 자신을 둘러싸고 있는 사람들과 환경 때문이라고 끊임없이 불평하는 사람이었다. 그가 하는 불평을 들어보면 자신의 단점과 실수도 모두 주위 사람들 때문이고, 자신은 아무 책임도 없으며, 그들이 자신을 책임져야 한다는 말을 반복할 뿐이었다.

"저는 머리가 좋다는 말을 곧잘 들었지만 남들도 다 그렇듯이 노력이 조금 부족한 학생이었습니다. 선생님께서 적극적으로 지도해줬더라면 제 성적은 좋았을 거예요. 친구들도 마찬가지예요. 제가 시간이 없거나 이해가 잘 가지 않아서 숙제에 어려움을 느꼈을 때 한 명도 도와주지 않더군요. 제가 이런 얘기를 하면 부모님은 저를 혼내기 일쑤였습니다. 직장을 다녀보니 직장 동료는 더 이기적이었습니다. 제가 아침에 좀 늦잠자서 지각을 하면 피곤해서 그럴 수 있다고 해줘야 하는 거 아닌가요? 칼같이 지각을 체크하더군요. 맡은 프로젝트가 좀 어려워 도와달라고 했을 때도 모두 외면했습니다. 제가 이런 사정을 얘기하자 직장 상사는 오히려 저에게 화를 내고 업무 평가도 낮은 점수를 줬어요. 제게 선입견을 품고 있던 게 틀림없어요. 지금 실업자가 된 것도 다 그들 탓입니다. 그들만 아니었어도 전 지금쯤 좋은 대학을 나와 대기업을 다니면서 좋은 차를 끌고 있을 거예요."

하지만 그의 어머니 매건은 멜빈에 대해 이렇게 말했다.

"멜빈은 어릴 때부터 일이 잘못되면 일단 탓을 할 다른 사람을 찾는 아이였죠. 숙제를 안 하길래 왜 안 하느냐고 물었더니 좋아하는 시트콤을 보느라 늦게 시작했는데 친구들이 아무도 도와주지 않아서 결국 못 하겠다고 친구 탓을 하더군요. 한번은 수업에 들어오지 않았다는 선생님의 전화를 받아 근처를 찾아봤더니 학교 앞 커피숍에서 놀고 있었습니다. 제가 다그치자 도리어 저한테 화를 냈어요. 공부가 재미없고 어려운데 선생님께서 자신을 신경 쓰지 않아 성적이 낮게 나왔다면서 말입니다. 멜빈을 이렇게 만든 게 바로 저인 것 같아서 속이 상합니다."

멜빈을 그렇게 만든 것은 남이 아니라 바로 그 자신이었다. 한 번도 자신을 솔직하게 바라본 적이 없는 그는 자신의 행동을 직시하지 못했고 자신의 행동에 책임을 질 줄도 몰랐다. 결국 그가 의미 있는 삶을 위한 모든 기회와 전망을 엉망으로 만들어버린 것이다.

멜빈의 이야기는 그리스 철학자 피타고라스가 말하는 인생 계명 "잘못에 대해 스스로 꾸짖어라."를 뒷받침하는 예다.

잘못에 대해서는 솔직하고 철저하게
자신을 탓하라.
솔직하게 책임지고
결과를 받아들일 준비를 하라.

잘못에 대해서는 솔직하고 철저하게
자신을 탓하라.

자신의 잘못에 대해 스스로 꾸짖을 줄 알아야 한다는 이 신조는 유명한 수학자이자 신비주의 철학자인 피타고라스가 주창한 것이다. 인간은 잘못에 대해 책임을 회피하려는 보편적 속성을 가지고 있다. 때문에 이는 우리가 모두 새겨야 할 규칙이기도 하다. 살다 보면 어쩔 수 없이 일어나는 불운이나 잘못에 대해 기꺼이 책임을 지려고 하는 사람은 거의 없다. 많은 사람이 그 일은 자신의 통제범위를 벗어난 일이었다고 상황을 불평하거나 남에게 은근슬쩍 책임을 떠넘기려고 하기 일쑤다. 물론 가끔은 정말로 스스로 어찌해볼 도리가 전혀 없는 일이 일어나기도 한다. 그러나 자신이 만들어낸 딜레마에 빠져 허우적거리는 경우가 훨씬 많다. 모두가 책임을 지지 않으려고 해서 생기는 딜레마다. "이건 내 잘못이 아니야. 그들이 그렇게 하지만 않았어도 내가 그렇게 나오지는 않았을 거야."라는 말을 하는 사람들이 얼마나 많던가. 이와 같은 책임회피, 비겁한 도피는 사람들 대부분이 보여주는 흔한 반응이다. 이런 일이 일어날 때마다 인간은 합리화와 책임회피의 능력이 무한함을 보여준다. 평소에는 잘 발휘되지 않던 창의력도 그 순간만큼은 수십, 수백 가지의 변명과 핑계를 만들어낼 정도로 기막히게 작동한다. 그러나 안타깝게도 이러한 변명과 핑계는 부정적인 결과를 불러온다. 끊임없이 자신을 위한 허구를 지어내고 책임을 면하려는 습관이 있는 사람은 그릇된 믿음을 지니고 살아가는 위험에 처해 있다. 나아가 인간으로서의 핵심 본질을 훼손시킬 위험에 처해 있기도 하다.

지혜를 사랑한 사람

우리는 흔히 피타고라스를 수학자라고만 알고 있지만 그는 수학자이기 전에 철학자였다. 그가 만든 수많은 수학 공식은 세상을 숫자로 규정하려 했던 그의 철학 안에 포함된 것이다. 그러나 자신의 이름을 딴 수학적 정리는 널리 알려졌지만 인간의 성격과 직접적인 관계가 있는 영적 가르침은 별로 알려지지 않았다.

　피타고라스는 태어나면서부터 요즘 말로 영재교육을 받았는데, 상인이었던 그의 아버지는 피타고라스를 당대 최고의 교수진에게 교육을 받도록 했다. 피타고라스는 음악에서부터 그림, 운동까지 다방면의 교육을 받았고 그에게 철학을 가르친 사람은 그리스 최초의 철학자인 탈레스였다. 그러나 이십 대 초반에 이집트 유학길에 올랐던 피타고라스는 이집트에서 23년, 바빌론에서 포로로 12년을 보내고 쉰 살이 넘어서야 고향으로 돌아온다. 그가 정착한 크로톤 섬에서 젊은이들을 향한 연설을 끝마치자 수백이 넘는 사람들이 피타고라스의 제자가 되기 위해 찾아왔다고 한다. 그를 현자라 믿는 이들에게 피타고라스는 자신을 지혜(sophia)를 사랑(philo)하는 자(er)라고 겸손하게 말했다. '철학자(philosopher)'라는 말이 최초로 탄생한 순간이었다. 피타고라스의 철학공동체는 매우 비밀스러웠고 제자들은 그를 신처럼 따랐으며 그곳에는 절대적으로 지켜야 하는 규율이 있었다. 또한 정해진 교육과정이 있었고 강의마다 등급에 따라 앉는 자리가 달랐으며 잠잘 때

사용해야 하는 침구도 정해져 있었다. 그리고 잠들 때는 반드시 암송해야 하는 경구가 있었다.

'오늘 자신이 한 일을 세 번 되돌아보기 전에는 눈을 감고 잠들지 마라. 잘한 일은 무엇이고, 잘못한 일은 무엇인가? 또, 끝내지 못한 일은 무엇인가?'

피타고라스는 자신이 한 행동과 잘못을 뒤돌아보고 반성하며 그것에 책임을 져야 한다고 했고, 공동체의 제자들은 잠들기 전에 반드시 경구를 암송하며 지난 하루를 반성한 뒤에야 눈을 감을 수 있었다.

피타고라스는 인간에게 가장 고귀하고 좋은 영역은 바로 영혼이며 이 영혼을 적절하게 보살피고 대우하는 것이야말로 삶의 최고 우선순위라고 믿었다. 그런 이유로 피타고라스는 제자들에게도 모범적인 행동을 요구하고 자신의 잘못을 솔직하고 철저하게 꾸짖는 엄격한 규율을 부여한 것이다. 그는 이런 방법을 통해 영혼을 정화하여 이른바 '청결한 영혼 상태'를 유지할 수 있다고 믿었으며, 거꾸로 남을 탓하고 책임을 부정하는 사람들은 영혼의 건강에 적신호가 켜진 것으로 여겼다.

자발성이 없는 자기 고백은
의미가 없다

슬프게도 진실을 '조작'할 수 있는 인간의 능력은 무한하다. 특히 자기를 속이는 거짓이야말로 인간의 행복에 치명적인 오점을 남긴다. 자기 기만은 의미 있는 삶을 위한 모든 기회와 관계, 전망을 일그러뜨리는 총체적 부정이다. 이런 '질병'에 대한 해독제는 솔직하게 책임을 고백하고 다른 사람에게 죄를 부과하지 않는 '자발성'이다.

피타고라스가 강조한 원칙에는 결과에 대한 개념도 포함되어 있다. 완전하고 솔직하게 책임을 진다는 것은 기꺼이 결과까지 감수한다는 의미이다. 그런데 이와 같은 자발성이 없다면 스스로 책임을 지겠다는 자기 고백의 태도도 의미가 없어진다. 이런 예는 우리 시대에도 수없이 찾아볼 수 있다. 수많은 정치인, 기업인, 법조인 등 여론과 권력에 떠밀린 그들이 카메라 앞에 서서 "완벽하게 책임을 지겠다."고 선언하지만 결국 실질적인 사임이나 기소 등의 결과가 제대로 마무리된 경우는 없다.

이런 식으로 대중 앞에 서는 것은 진정한 자기 고발이 아니라 연극에 가깝다. 그들은 책임을 기꺼이 마음 깊이 받아들이지도 않거니와 개인적인 평가에도 전혀 관심이 없다. 이는 두 번이나 거짓을 행하는 것과 같다. 자기 자신을 속이고, 대중을 속이는 것 말이다. 이것은 비단 정치인을 비롯한 유명인에게 국한된 얘기가 아니다. 우리도 가족들과 친구들과 각종 관계 앞에서 진심은 눈곱만큼도 넣지 않은 사과와 책임을 약속한 적이 있지 않은가. 이런 식의 태도로는 피타고라스가 주창한 '정직이야말로 삶의 가장 큰 의무이자 책임이며 성숙하고 건강한 자세를 위한 필수요인' 이라는 원칙을 지킬 수가 없다. 또한 이런 식으로 상황을 모면하고 나면 눈덩이같이 불어난 더 나쁜 상황이 돌아온다는 것은 자명한 일이다.

피타고라스

기원전 580년 경
~
기원전 490년 경

아폴로의 아들로 태어나
최고의 영재교육을 받다

피타고라스는 기원전 6세기 중엽에 사모스 섬에서 무역상인 므네사르코스의 아들로 태어났다. 므네사르코스는 델포이 아폴로 신전에서 신탁을 받아 사모스 섬으로 이주했다고 알려졌는데 피타고라스 역시 신탁을 통해 아내가 아들을 낳을 것이란 말을 들은 뒤 태어났다고 전해진다. 아들이 태어나자 므네사르코스는 '빛나는 아폴로'라는 뜻으로 피타고라스라는 이름을 붙인다. 아폴로의 아들이라는 꼬리표는 살아생전에도 죽은 후에도 그를 따라다녔다.

피타고라스는 어렸을 때부터 리라 연주, 그림, 운동을 배우고 아버지의 긴 여정의 장삿길을 함께 따라 다녔으며 탈레스, 아낙시만드로스 등 당대 최고의 교수진 밑에서 공부를 했다. 청년이 된 피타고라스는 스승 탈레스의 주선으로 당시 오랜 역사를 자랑하는 선진국 이집트로 유학을 떠난다. 그곳에서도 23년 동안 여러 신전의 사제들에게 기하학과 천문학 등 다양한 분야를 배우는 한편 페르시아의 이집트 침공으로 바빌로니아로 끌려가 그곳에서 십여 년간 점

성술사와 서기들로부터 방대한 지식을 전수받았다. 피타
고라스는 40년이 지나서야 고향 사모스 섬으로 되돌아가
는데, 이때 그의 나이는 예순이었다. 오랜 유랑 끝에 고향
으로 돌아왔지만 피타고라스의 말년은 평탄하지 않았다.
그가 돌아온 사모스 섬은 독재체제에 있었기에 곧 그곳을
떠나 크로톤이란 마을에 정착하여 학교를 설립한다. 그러
나 그의 비밀스러운 학교와 학파가 점점 커져 영향력 있는
정치세력이 되자 적들이 많아졌고 결국 거짓 소문으로 그
는 살해된다.

만물의 근원은 숫자

현대의 사람들은 피타고라스를 단순히 피타고라스의 정리
를 만든 수학자라고 알고 있지만 그는 종교학자, 철학자,
수학자, 미학자뿐만 천문학자이기도 했다. 그는 이 모든
학문을 하나의 매듭으로 묶어 이 세계를 단 하나의 법칙에
지배되는 정돈된 전체로 입증하려 했는데 피타고라스는

바로 이것을 숫자로 정리하려고 했다. 둥근 지구와 공전과 자전, 계절의 변화, 현의 길이에 따라 달라지는 음에 주목하여 만들어낸 음향학의 수학적 질서. 이 모든 것이 현실 세계를 숫자로 정리하려던 피타고라스와 그의 학파의 집념이었다. 그리고 오늘날 우리조차 이해하기 어려워하는 뉴턴의 고전역학, 아인슈타인의 상대성 이론 등의 출발점이기도 하다.

모든 것을 숫자로 정리하려 했던 피타고라스에게도 의외성은 있었다. 그는 매우 종교적인 사람이었다. 그의 학파 또한 종교단체에 가까웠고 교리도 있었다. 게다가 그는 사람의 영혼은 불멸하는 실체이며 몸이 소멸하여도 다른 동물의 몸속으로 들어간다는 영혼의 윤회를 믿었다.

  내면을 뒤돌아보는 일이란 종교상의 가르침을 배타적으로 수호하는 것만이 아니다. 내면으로 가는 또 다른 길들이 분명 있었다. 이성으로 자신과, 삶을 성찰하는 것이 바로 그것이다. 우리는 모두 이성을 가지고 있다. 단지 그것을 깨우지 못했을 뿐이다. 이성이 인간에게 가져다준 수많은 축복 중에는 삶을 성찰하는 능력도 있고, 살면서 스스로 통제할 수 있는 것과 없는 것을 구별하는 능력도 있으며 거짓 쾌락과 진실한 쾌락을 구별하는 능력과 진정한 우정을 식별하는 능력, 적절하게 균형이 잡힌 삶을 살아가는 능력 등이 있다. 모두가 고대 그리스의 현자들이 강조하고 가르쳐준 지혜로써 의미 있는 내면의 성찰, 진정한 '자기' 계발을 위해 큰 도움이 될 수 있는 신조들이다.

자신의 이성을 깨우라. 그리고 자신을 바라보라. 그 길의 끝에 인간의 행복이 있음을 알게 될 것이다. 이 책으로 이

성을 깨우고 자신의 내면과 인생을 명쾌하게 바라보게 되
기를 간절히 기원한다.

철학자들이 말하는 열 가지 인생 계명

1. 성찰하지 않는 삶은 가치가 없다. 적극적으로 삶에 임
하라. 언제나 정신적, 영적 지평을 넓힐 새로운 기회를 탐
색하라.

2. 우정은 두 사람이 같은 영혼을 나누는 관계다. 우정은
우호와 친선의 요구를 충족시켜주는 상호호혜적인 관계
다. 우정은 시장에서 살 수 있는 게 아니며 반드시 신뢰와
친선이 깃든 관계 속에서 소중히 여기고 길러야 한다.

3.　할 수 없는 일에 힘을 쓰는 사람은 어리석은 사람이다. 자신의 행동을 통해 변화시킬 수 있는 일, 영향을 끼칠 수 있는 일만 걱정하라. 통제범위를 벗어난 일, 자신의 행동으로 변화시키거나 영향을 끼칠 수 없는 일은 걱정하지 말라.

4.　부유한 바보는 고통스러운 짐 덩어리다. 부 자체가 그릇된 삶의 치유제가 아니며 위험한 어리석음의 원인이 될 수도 있다. 돈은 필요하지만 바른 삶의 충분요건이 아니다.

5.　남에게 악하게 굴면 자신에게 악하게 구는 것과 같다. 악행은 너무 빨리 반복되고 너무 쉽게 합리화되는 위험한 습관으로 바른 삶의 길을 훼손시킨다. 타인에게 해를 끼칠 때 피해자와 가해자 모두 희생자가 된다. 시간이 흘러 상처가 커지고 짓무르면 인성 전체가 타락할 수 있고

그 결과 심술궂고 기쁨을 모르는 신경질적인 사람이 될 수 있다.

6. 쾌락은 몸속의 고통과 마음속의 혼란이 없다는 뜻이다. 얕고 일시적인 방종은 삼가라. 삶을 소박하게 꾸려가라. 마음의 평화를 불러오는 차분한 경험을 추구하라. 진정한 기쁨에는 당연히 한계와 자제가 필요하다.

7. 친절을 베푸는 행위에는 결코 낭비라는 게 없다. 타인에게 친절을 베푸는 행위는 행복하고 바른 삶을 지지, 강화하는 지속적이고도 긍정적인 영향력을 주는 좋은 습관이다. 타인을 도와줄 때 도움을 받은 사람과 도움을 제공한 사람 모두가 수혜자가 된다. 시간이 흐르면 선행을 베푼 사람은 주위에 사람을 끌어모으는 친근하고 유쾌한 성

격을 개발할 수 있다.

8.　당신의 이성이 당신을 지배하게 하라. 생각과 행동의 한계를 정하는 외부의 힘에 저항하라. 자신을 속이지 말라. 오직 개인적으로 유용하고 편리한 것만 믿어서도 안 된다. 완전한 자유를 얻기 위해서는 건강한 자기 의지를 억누르는 심리적, 영적 힘에 맞서는 내적 투쟁이 필요하다. 혹독할 정도로 자신에게 솔직해야 한다.

9.　만사에 지나침이 없게 하라. 치우침 없는 삶을 살아라. 조화와 균형이 잡힌 삶을 살아라. 과도함을 피하라. 양극단에 빠지지 않게 조심하라. 아무리 좋은 일도 절제 없이 추구하거나 얻으면 불행과 고통의 원인이 된다.

10. 잘못에 대해 스스로를 꾸짖어라. 잘못에 대해서는 솔직하고 철저하게 자신을 탓하라. 적절한 영혼의 청결 상태를 유지하라. 자신의 잘못과 실수에 대해 남을 탓하지 말라. 자기기만은 행복에 치명적인 오점을 남기며 의미 있는 삶을 위한 모든 기회와 관계, 전망을 일그러뜨리는 총체적 부정이다. 솔직히 책임을 질 준비를 하고 자신에게 부과된 책임을 남에게 떠넘기지 말며 기꺼이 결과까지 감수해야 한다.

저자소개

마이클 A. 수피어스 (M. A. Soupios)

롱아일랜드대학교 C. W. 포스트 캠퍼스의 교수로 30년 이상 강단에 섰다. 네 개의 박사학위를 포함한 총 여덟 개의 학위를 소지하고 있으며 철학, 역사, 고전, 정치학, 종교를 망라하는 전문성을 갖추고 있다. 다양한 고전적 주제에 대해 기사와 논문을 쓰고 있으며 고대 그리스의 문화사에 관한 장편논문 〈헬라스의 노래, The Song of Hellas〉(2004)를 발표했다. 영적 생활에 관한 워크숍과 세미나를 자주 열며 아내와 세 자녀와 함께 뉴욕 이스트 노스포트에 살고 있다.

파노스 무두쿠타스 (Panos Mourdoukoutas)

롱아일랜드대학교 C. W. 포스트 캠퍼스의 교수로 25년 이상 강단에 섰다. 세계 전역을 여행하며 비즈니스 전략과 리더십에 관해 여러 대학과 기업, 지역사회, 단체에서 강연을 펼치고 있다. 〈뉴욕타임스, New York Times〉 〈재팬타임스, Japan Times〉 〈배론즈, Barron's〉 〈엣지 싱가포르, Edge Singapore〉 등에 기사를 연재했고 《새롭게 부상하는 일본경제 : 세계 비즈니스의 기회와 전략》 (2005)와 《반(半)국제 경제의 사업전략》 (2006)를 출판했다. 2001년 에메랄드 지식인클럽이 선정한 최우수상을 받았다.

옮긴이 소개

이주혜

서울대학교 영어교육학과를 졸업 후 동화를 썼다. 영어로 된 문학작품을 아름다운 우리말로 옮기는 데 관심이 많아 아동작가로 활동하면서 현재 번역가 에이전시 하니브릿지에서 아동서, 자녀 교육서 전문 번역가로 활동하고 있다.

주요 역서로는 《양육 쇼크》《지금 행복하라》《유태인의 자녀교육 29 : 가슴으로 사랑하고 머리로 꾸짖는》《초콜릿 레볼루션》《카이사르 : 제국을 만든 남자》《죽음 그리고 성장》《키 : 시크릿을 여는 열쇠》 등 다수가 있다.

인생을 명쾌하게 바꾸는 철학자의 말

초판 1쇄 인쇄일 2012년 6월 8일 • 초판1쇄 발행일 2012년 6월 15일
지은이 마이클. A. 수피어스 & 파노스 무두쿠타스 • 옮긴이 이주혜
펴낸곳 (주)도서출판 예문 • 펴낸이 이주현
기획 정도준 • 편집 김유진 · 송두나 • 디자인 김지은 • 마케팅 김종열 • 관리 윤영조 · 문혜경
등록번호 제307-2009-48호 • 등록일 1995년 3월 22일 • 전화 02-765-2306
팩스 02-765 9306 • 홈페이지 www.yemun.co.kr
주소 서울시 강북구 미아동 374-43 무송빌딩 4층
ISBN 978-89-5659-192-6 13320